U0923586

图1　音乐使孩子更智慧

图2　音乐让孩子视野更宽阔

图3　音乐使孩子健康成长

图4　跳起来，身体更健康

图5　喜欢音乐的孩子更幸福

让孩子

在音乐声中幸福成长

总主编：周文彪

Music and Life

主　编：张炜　蒋菡　何薇

中国纺织出版社有限公司

内 容 提 要

本系列丛书共分为《教育与创新》《规矩与成长》《品德与分数》《知识与财富》等10个分册。每章节的论述都以著名教育家陶行知先生经典小故事为引导，分别提出论点、论据，彰显了教育家言行一致的风格。每章结尾处又以陶行知本人的行为规范为楷模，不仅能使读者读懂理论，还能感染父母体会“学为人师，行为世范”的家教风格，进一步揭示了“父母的行为要成为孩子的楷模”这一育子理论，加深了读者的深度思考和理解。

图书在版编目（CIP）数据

陶行知生活教育系列丛书. 音乐与人生 / 周文彪总主编；张炜，蒋菡，何薇主编. -- 北京：中国纺织出版社有限公司，2021.12

ISBN 978-7-5180-9215-4

Ⅰ. ①陶… Ⅱ. ①周… ②张… ③蒋… ④何… Ⅲ. ①生活教育—儿童教育—家庭教育 Ⅳ. ①G78

中国版本图书馆CIP数据核字（2021）第262999号

策划编辑：闫 星　　责任编辑：刘桐妍　　特约编辑：符 芬
责任校对：高 涵　　责任印制：储志伟

中国纺织出版社有限公司出版发行

地址：北京市朝阳区百子湾东里A407号楼　邮政编码：100124

销售电话：010—67004422　传真：010—87155801

http://www.c-textilep.com

中国纺织出版社天猫旗舰店

官方微博 http://weibo.com/2119887771

三河市延风印装有限公司印刷　各地新华书店经销

2021年12月第1版第1次印刷

开本：880×1230　1/32　印张：63.75

字数：1040千字　定价：398.00元（全10册）

学做真人
兴趣培养
行为养成
职业感知
兴趣爱好
生活习惯
学习能力
兴趣特长
职业认知
行为习惯
人际交往
职业规划
科普知识
职业体验
社交知识
生活实践
人文地理
礼貌礼仪
职业习惯
职业发展
生存能力
理财能力
分析能力
组织能力
演讲能力
表达能力
管理能力
专业能力
设计能力
创新能力
创造能力
影响力
激励力
组织与授权
监控与检查
灵活应用
个人体验
生活经验
领导经验
管理经验
跨学科知识
产业中的教育感悟
专业导向产业延伸
获取
· 知识
· 技能
· 收入
储存
职业体验
· 标准化
· 流程化
· 科研化
· 智能化
应用
培养企业拿来即用的
人
· 个人形象
· 维护与辩护能力
· 冲突管理
· 团队工作能力
· 客户导向意识
基础教育
· 自我定位
· 智能管理
· 科技创新
· 知识传播
音乐与人生
· 角色管理
· 时间管理
· 沟通管理
· 目标管理
· 激励管理
· 绩效管理
· 技能老练
企业体验
产教融合
院校教学
岗位体验
职业体验
智商：
认识客观事物，运用知识解决实际问题的能力，掌握处理业务工作所需的技术和工具
情商：
具备处理自己与他人关系的能力
智能养身
运动场
游泳池
健身馆
药膳堂
养生馆
MR体验
职业感知
职业认知
科学实验
技术革新
数学应用
艺术熏陶
创新思维
创新创业
品德修炼
心理调节
情操感悟
教育中的产业渗透
教人求真
社区教育
· 教育与创新
· 规矩与成长
· 品德与分数
· 知识与财富
· 行为与性格
· 尊重与情商
· 勤奋与责任
· 生存与发展
· 音乐与人生
· 表扬与批评
· 专业与职业
· 健康与人生
· 安全与生产
通过产教融合，归纳演绎出：团队竞争力和创新、创造力
形成寓教于乐的教育特色：产教融合、协同育人
“三识”
学识
见识
胆识
显性知识：理论、通用（知道）
隐性知识：经验、教训（会用）

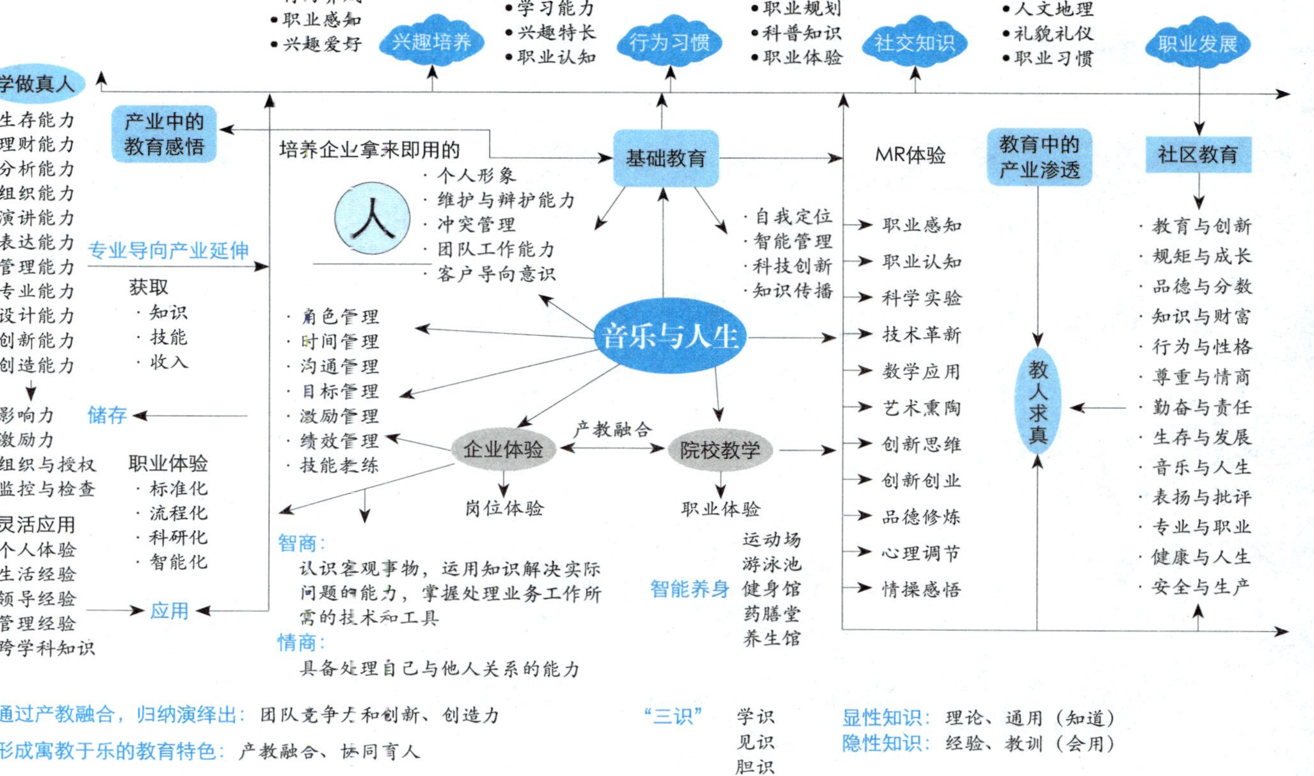

《音乐与人生》框架结构图

TAO XING ZHI SHENG HUO

《陶行知生活教育系列丛书》

JIAO YU XI LIE CONG SHU

各分册主编

第一分册 《教育与创新》 主编 郭洪飞 赵 明

第二分册 《规矩与成长》 主编 罗碧华 杨秀丽

第三分册 《品德与分数》 主编 周文彪 张平原

第四分册 《知识与财富》 主编 刘建清 周 荦

第五分册 《行为与性格》 主编 刘馨阳 郭洪飞

第六分册 《尊重与情商》 主编 周 蔷 李嘉玉

第七分册 《勤奋与责任》 主编 周志平 秦承敏

第八分册 《生存与发展》 主编 刘义光 黎 邓

第九分册 《音乐与人生》 主编 张炜 蒋菡 何薇

第十分册 《批评与表扬》 主编 陈京平 张 炜

序一

闻悉周文彪先生任总主编的《陶行知生活教育系列丛书》付梓出版，尤其是将家庭教育融入陶行知生活教育思想非常必要。为众多父母在子女教育上坚持“行知合一”，用自己的行为做孩子的楷模提供了良好的借鉴。

随着《中华人民共和国家庭教育促进法》的颁布与实施，重视智力发展，忽视道德培养；重视知识学习，忽视能力培养；重视书本知识学习，忽视劳动实践；重视孩子智力发展，忽视情商培养；重视特长培养，忽视全面发展；重视身体健康，忽视心理健康；重视饮食营养，忽视身体保健的倾向越来越没有了市场，众多教育工作者逐步走向培养孩子全面发展的轨道。

父母与孩子的关系就好比土地和禾苗：土地肥沃，禾苗就茁壮；土地瘠薄，禾苗就瘦弱。家庭教育也是如此，父母的行为时时都在感染、熏陶和“塑造”着孩子的人生，孩子的行为、习惯、个性、性格也正是在父母行为的影响下逐步形成的。

大家都希望自己的孩子能接受到更好的教育，成为更优秀的人，这是为人父母的期望，也是整个教育事业必将要达到的目标，因此，我们万万不可忽略父母行为对孩子的影响。

在众多家庭教育中，有成功的经验，也有失败的教训，很多父母对孩子的期望总会产生极大的落差，其中的原因是什么呢？

一则对孩子的期望值过高。不计其数的父母盲目坚守着“望子成龙、望女成凤”的观念，孩子一入学就对他们提出：一定要考多少分，保持班上前几名，初中要考取某某名校，大学要考上985、211，毕业后要从事某高科技、高科研、高薪资的工作，结果，期望值越高，失望越大。

二则对孩子娇生惯养。很多孩子在家“称王称霸”，在外“一事无成”。其原因就是父母总是把孩子看作“温室里的花草”，对孩子提出的条件无限制地满足，平时这也不让做，那也不让做，忽略了孩子自身的锻炼，致使孩子一旦离开父母，走向社会，连最起码的生活自理能力也没有了。

三则对孩子放任自流。有些父母虽然与孩子住在一个屋檐下，同吃一锅饭，却很少交流，一旦交流就是“考多少分？全班第几名？”孩子做不到，就“一顿唠叨或讽刺挖苦”，这种不注意孩子的心理调适，一味压制，到头来孩子只好选择不和父母交流，有的甚至不想往来，还有的父母与孩子竟然像陌生人一样，孩子也干脆不和父母在一起。

四则对子女过度殷勤。随着生活水平的提高，很多父母对孩子过于殷勤，如吃饭的时候，总是喜欢将椅子、碗筷摆好，饭菜盛好，还有的孩子已经上小学了，还要靠父母喂饭吃。

五则用金钱替代教育。父母用金钱替代教育的现象不占少数，我们是否可以静下心来想一想：这样做究竟给孩子带来的是什么？存款、股票、房产、产业，等等？如此下去，孩子将来又会走向何方？培养孩子全面发展岂不是成了一句“空谈”？

特别引以注意的是：一些父母竟然混淆了家庭教育与学校教

育的关系。把孩子成才的期望全部寄托于学校，错误地认为教育就是学校的事，孩子只要考高分，上个好大学，将来就一定能有个好职业。这个误区实在可怕，大家要明白：家庭是教育的最基本、最基层的单位，学校教育是辅助家庭培养孩子成才的，家庭教育与学校教育的区别只是环境不同、教育者与受教育者之间的关系不同、教育者自身的条件不同、教育内容不同、组织管理不同，家庭教育具有广泛的大众性、强烈的感染性、特殊的权威性、鲜明的针对性、天然的连续性以及人生幸福的继承性和教育的终身性与教育方法的灵活性。

《陶行知生活教育系列丛书》在研究陶行知生活教育思想的基础上，对于家庭教育进行了进一步的深入挖掘、整理和延伸，指出了家庭教育在整个生活教育中的地位和作用，突出了陶行知“追求真理做真人”的为人之道，涵盖了早与迟、宽与严、言与行、家与校等多个层面，给父母在子女教育中以启发。

这套丛书从“品德培养要从健康行为开始”“让规矩陪伴孩子成长”“时刻提醒孩子规范自己的言行”“比考试分数更重要的是品德”“给孩子金山不如给知识，再富也别富养孩子”“知识转化为生产力才有力量”“不要忽略创新在教育中的作用”“对孩子的情商培养要从尊重开始”“让孩子在挫折中求生存”“不要忽视孩子生存能力的训练”10个侧面，提出了一系列比较现实的教育观点，通过生活中的一个个典型案例，论述了父母的行为与孩子成长的辩证关系，比如：父母自身素质、教养态度、教育能力、家庭生活条件、家庭成员之间的关系、家庭的社会背景和社会风气、家庭中错综复杂的冲突与矛盾等。促使父母更加重视“家庭教育的优势与劣势”“独生子女教育的优劣”“爱而不娇”“严而有格”“该管则管，该放则放，管放结合”“发展特长和全面发展”“言教和身教”“说服和实践”“掌握分寸选择机会”等重要问题。

在本套丛书即将发行之际，我们期望父母通过本书的阅读，提升家庭教育观念，支持孩子进行科学、文明、道德的修炼，使之在更多的学习活动中获得更多的自主权，从事更加有益的实践活动，在家庭教育中获得课堂上无法获得的知识和能力，使孩子的个性、知识、人格、情操、体质诸方面得以健康发展，让家庭教育与学校教育相辅相成、互相促进、相得益彰，促使孩子德、智、美、体、劳全面发展。

（俞启定　国内首批获得教育学硕士、博士学位的博士生导师，北京师范大学著名教授）

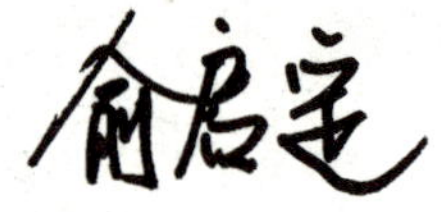

2021 年 11 月 28 日

序二

《陶行知生活教育系列丛书》即将付梓出版，应丛书总主编周文彪先生之邀，特写上以下一番话，表达祝贺之意。

萌芽于1918年，成型于1927年的“生活教育”理论，是陶行知教育思想的核心。

“生活教育”理论是陶行知作为中国现代教育先驱的思想理论基础，开展对“生活教育”理论的深化研究是极具意义的！生活决定教育，教育必须改造生活。“从定义上说，生活教育是给生活以教育，用生活来教育，为生活的向前向上的需要而教育”。

“生活教育”是活教育。“书是不可以死读的，但是不能不活用。”

“生活教育”是“人教育”。它是包括社会、学校、自然、家庭的整个的教育。

“生活教育”是融合教育。通过德智体美劳、军（军事训练）的融合，让学生成为真善美、智仁勇结合的“整个的人”。

陶行知认为，“知识与品行分不开，思想与行为分不开，课内与课外分不开，做人做事与读书分不开，即教育与训育分不开”。求知、品格、赋能的有机结合是学育方式变革的根本途径。

“生活教育”也是“与时代俱进”的教育。唯有与时代俱进，才能成为促进社会不断发展的现代人。

陶行知先生创立的“生活教育”理论，已经成为时代的显学。它揭示了教育的本质，阐明了教育的职能，把握了现代教育的特征与趋势，极具当代价值，也成为新时代教育改革发展的“路向”之一。

在当代，如何深化研究传承“生活教育”思想？可以说，文献式地把陶行知先生的文章、讲话、书信、诗歌等文献资料结集出版的任务已基本完成，诠释式的解读则远远不够！联系实际研究、践行陶行知思想的传承，即把陶行知思想及其教育主张深化研究，汲取其中的思想内核、当代价值并与当代教育实际紧密结合，瞄准当下教育的新问题、新课题，探索教育改革的新思路、新路径尤为重要。

陶行知本身是教育实践的行动家，其教育思想在本质上是一种实践的教育学说，理论与实际结合是“生活教育”的生命力所在，只有从“行知合一”上理解其思想实质，从理论与实践的结合上深化研究，在学育方式变革上深化改革，才是真研陶！

生活是向个体敞开的含有情境和价值的意义总体，包括：教育生活、社会生活、自然生活，当然也包括家庭生活。我国最早在1903年的《教育泛论》中就提出家庭教育、学校教育、社会教育同为国民教育的三大支柱。

学校教育是教育制度的重要组成部分，起主导作用；社会教育是指一切影响于个人身心发展的社会教育活动，起重要辅助作用；家庭教育则是生活中家庭成员之间相互的影响和教育，有着不可替代之作用。

陶行知先生是把三者有机结合的典范。在重庆育才时，其子陶晓光去找工作，因没有文凭，就找人开了张文凭证明。

陶行知先生知晓后非常生气，对其子说："宁做真白丁，不作假秀才"，迅即让其退掉。1940年11月5日，陶行知在写给陶晓光的信中说："城（即其四子陶城）每星期六到堡，我也每星期六来一次，教他一些处事待人之方。"

家庭是重要的教育场所。孩子在家的时间远超过在校时间，家庭的环境，父母的行为无时不在影响着孩子的成长；家庭是孩子的第一所"学校"，父母是孩子的第一任导师，而且是一生永恒的导师。学校的教师是可换的，而父母是无法替换的，父母不但给孩子以生命，而且还要塑造孩子的内心世界。学校里一个班，教师要管理四五十个孩子，家庭一对父母只教育一个孩子，而且孩子接触最多的又是父母，对孩子影响最大的也是父母。一个孩子的健康成长将凝聚着家庭几代人的期望，作为一个家庭，把孩子教育好，比什么都重要。

《陶行知生活教育系列丛书》共分10册，依托伟大的人民教育家陶行知先生提出的"生活即教育""社会即学校""教学做合一"的教育思想，列举了现实生活中的大量案例，反复论证了"教育与创新""规矩与成长""品德与分数""知识与财富""尊重与情商""勤奋与责任""生存与发展""音乐与人生"等之间的逻辑关系，强调了父母培养孩子成长、成才的作用，突出了言传身教、行胜于言的风格，提示大家：父母的行为要成为孩子的楷模！使读者不仅读懂家庭教育理论，还渗透了"学为人师，行为世范"的育人风格。

《陶行知生活教育系列丛书》抓住了陶行知思想内在价值与当下教育的契合点、创新点，拓宽了陶行知研究的新领域，较好地回答了当下教育尤其是家庭教育面临的难点、重点问题，在研究的广度、深度上有了新的拓展。内容符合未成年人家庭教育的需要，具有鲜明的时代特征，贴近生活，教育思想观点基本是科学的，具有可操作性。文字通俗易懂，简单明了，写法生动活泼，适合一般文化水平的父母阅读。

（吕德雄　中国陶行知研究会常务副会长兼秘书长，原“晓庄师范”党委书记）

吕德雄

2021 年 11 月 29 日

序三

由周文彪先生总主编的《陶行知生活教育系列丛书》刚定稿，准备付梓出版之际，《中华人民共和国教育促进法》正式发布与实施，这让我们备受鼓舞。这套丛书的问世恰逢其时，也让家庭教育从传统意义上的“家事”变成了新时代发展，民族进步的“国事”！

《中华人民共和国家庭教育促进法》首先明确了家庭教育概念，“本法所称家庭教育，是指父母或者其他监护人为促进未成年人全面健康成长，对其实施的道德品质、身体素质、生活技能、文化修养、行为习惯等方面的培育、引导和影响”，之后强调了“家庭教育以立德树人为根本任务，培育和践行社会主义核心价值观，弘扬中华民族优秀传统文化、革命文化、社会主义先进文化，促进未成年人健康成长”。同时，《中华人民共和国家庭教育促进法》规定了学校等社会力量对家庭教育的协同任务，规定了“国家鼓励开展家庭教育研究，鼓励高等学校开设家庭教育专业课程，支持师范院校和有条件的高等学校加强家庭教育学科建设，培养家庭教育服务专业人才，开展家庭教育服务人员培训”。不难看出，一方面《中华人民共和国家庭教育促进法》从家庭教育概念，家庭教育主体责任、家庭教育的内容和方式，家庭教育工作机制，国家支持家庭教育的举措，社会力量对家庭教育的协同任务以及国家机关、国家工作人员带头做好家庭教育工作七个方面做出了法定职责与实施规制，从而成为每个家庭及社会各方自觉践行的必须；另一方面，《中华人民共和国家庭教育促进法》还强调了家庭教育、学校教育和社区教育密不可分，由此为各方教育的深度融合与协同育人提供了理论支撑与法律保障。

《陶行知生活教育系列丛书》正是符合了《中华人民共和国家庭教育促进法》的要义，从《教育与创新》《知识与财富》《规矩与成长》《品德与分数》《行为与性格》《尊重与情商》《勤奋与责任》《生存与发展》《音乐与人生》《批评与表扬》10个方面列举了大量案例，剖析了人生的十大要素，不仅启发父母更加注重家庭、家教、家风，增加家庭幸福与社会和谐，配合社会与学校把孩子培养成德、智、体、美、劳全面发展的社会主义建设者和接班人，也为各方面开展家庭教育专业的学习和培训提供了有益的参考书目。期望本套丛书的发行，能汇聚更大的力量，让家庭教育为实现伟大的中国梦发挥独特的作用！

（呼中陶　原北京师范大学党委副书记、北京师范大学珠海分校党委书记）

呼中陶

2021年11月29日

前言

“音乐是用组织音构成的听觉意象”，是人们用一种艺术形式来表达个人思想感情和生活现实。父母如何和孩子一起享受音乐，用音乐排除各类忧愁和烦恼是人们长期关注和实践的话题。

有些父母整天忙于家中烦琐的事务，总喜欢将“父母的意愿”强加给孩子，甚至连孩子通过音乐选择快乐的权利也被“剥夺”，尤其是对孩子的学业成绩格外重视，如课余时间给孩子安排了众多的课外辅导如数学、语文、外语等，忽略了音乐在孩子一生中的作用。

殊不知孩子作为独立的主体，本来就具有生存、活着、成长和快乐的权利，年龄再小也有自己的兴趣和爱好，如果父母无视孩子的兴趣和爱好，硬将自己的意愿强加于孩子，孩子的幸福又从何谈起呢？

父母期望孩子成才的心情可以理解，但用这种越俎代庖的方法，孩子不仅在生活上、学习上形成被动、消极的情绪，也不利于孩子的成长。

《音乐与人生》一书，从音乐让孩子更智慧、视野更宽阔、更快乐、更健康、更幸福五个维度，强调了音乐对孩子幸福生活的关键作用，启发父母重视孩子音乐天赋的发掘与培养。

本书以通过音乐陶冶家庭氛围、让孩子幸福快乐地生活为话题，从个人习惯、家庭环境、行为习惯、音乐知识等方面，由浅入深阐述音乐对孩子成功、成才的作用，紧扣“在音乐声中树立起家庭幸福观”这一主题，强调了从小培养好孩子音乐兴趣的重要性，深入浅出地阐明了音乐与人生发展的关系，启发父母采取正确的方法，让音乐伴随孩子幸福的人生。

在书稿完成之际，我们要特别感谢著名家庭教育专家、中国教育学会家庭教育专业委员会原理事长、中国当代家庭教育科学研究的开拓者赵忠心同志，北京师范大学原党委副书记呼中陶同志，北京师范大学资深教授俞启定同志，中国社会福利基金会原名誉理事长缪力同志，中国陶行知研究会常务副会长吕德雄同志在百忙中给予的精心指导；特别感谢中国社会福利基金会、中国教育学会、中国家庭教育学会、中国陶行知研究会给予的大力支持，感谢长期关注生活教育的同仁和北京师范大学（珠海）分校、暨南大学珠海校区、吉林师范大学分院、湖南工程技术职业学院、《福建基础教育研究》编辑部、全国185位高等院校、中小幼校（园）长、教师参与研究与实践，使本书圆满完成。

由于本书的编写时间和编者水平有限，不足之处在所难免，恳请广大读者给予批评指正。

2021年11月29日

家庭生活教育的四个维度

1	获取生活兴趣的能力	观察视角：准备 / 倾听 / 互动 / 自主 / 达成
2	与父母的沟通互动能力	观察视角：环节 / 呈示 / 对话 / 引导 / 机智
3	新知识理解与评价能力	观察视角：目标 / 内容 / 实施 / 评价 / 资源
4	家庭环境与文化的熏陶	观察视角：思考 / 民主 / 创新 / 关爱 / 特质

阅读本书的观察视角

1	事前准备	孩子做事前准备了什么？是怎样准备的？
		准备得怎么样？准备充分的概率是多少？
		孩子是否养成了事前准备的习惯？
2	耐心倾听	孩子能否耐心倾听你的话？能耐心听多少时间？
		作为父母你能耐心倾听孩子的心声吗？
		倾听时，孩子有哪些辅助行为？
3	与孩子互动	你与孩子有哪些互动行为？能达成目标吗？
		你与孩子互动的时间、过程、质量如何？
		你与孩子就某一问题讨论的时间、过程、质量如何？
		你与孩子户外活动的时间、过程、质量如何？
		你与孩子的互动习惯怎么样？出现怎样的情感行为？
4	让孩子自主	孩子自主学习（活动）的时间有多少？
		孩子自主学习的形式（探究 / 阅读 / 思考）有哪些？
		孩子自主学习有序吗？有无自主探究活动？
		孩子自主学习的质量如何？
5	目标达成	孩子清楚自己的学习目标吗？
		孩子预设目标达成有什么依据？分几个阶段达成？
		近阶段（1 月 / 半年内）生成过什么目标？效果如何？

序号	项目	问题
6	问题环节	问题是由哪些环节构成的？你是否围绕这些问题沟通？
		这些环节是否面向孩子强调问题的关键点？
		你对不同环节/行为/内容/时间是怎么支配的？
7	正面引导	你是如何引导孩子自主学习/工作/生活的？
		你对孩子与人的合作能力是如何引导的？是否有效？
		你对孩子探究学习是如何引导的？是否有效？
8	挖潜与启智	面对孩子调皮与犟嘴，你的态度和方法有哪些？
		你如何处理孩子调皮和犟嘴？效果怎么样？
		你使用了哪些非言语行为？效果怎么样？
		你哪些行为感化了孩子（语言/体态/表情）？
9	共同思考	幸福生活是否与知识/技能有关？
		对孩子的引导是否有利于问题的解决？
		怎样引导孩子独立思考并自己处理问题呢？
		家庭气氛能否促使孩子独立自主地生活？
10	民主与创新	你与孩子的沟通效果怎么样？
		孩子参与集体活动的时间是怎样的？气氛如何？
		你的行为是否成为孩子的榜样？
		孩子与其他小朋友的关系如何？
		家庭创新设计、情境创设与资源利用有何新意？
		家庭气氛是否有助于孩子成长？你是如何处理的？
		孩子生活有哪些新目标/资源？你是如何处理的？
11	关爱与特质	孩子的生活目标是否面向未来？
		你是如何面对孩子的特殊情况的？
		孩子遇到学习困难时，你是如何关注和引导的？
		家庭环境体现了哪些有利于孩子走出困境的因素？
		家庭环境有助于孩子修正错误、健康成长吗？

目录

Part 1 音乐让孩子更智慧

Part 2 音乐让孩子视野更宽阔

Part 3　音乐让孩子更快乐

Part 4　音乐让孩子更健康

Part 5　音乐让孩子更幸福

陶行知说："生活是艺术，艺术寓于生活，要过艺术的生活，即受艺术的教育；要受艺术的教育，即过艺术的生活。"

音乐让孩子更智慧

- 何谓音乐
- 音乐启迪孩子的智慧
- 音乐培养孩子的直觉力
- 音乐培养孩子的想象力
- 音乐培养孩子的专注力
- 音乐发展孩子的语言能力

何谓音乐

音乐是用组织音构成的听觉意象，来表达人们的思想感情与社会现实生活的一种艺术形式。

语言是人类最重要的交际工具，是人们进行沟通、交流、表达的符号。

音乐是声音的艺术，它只能诉诸人们的听觉，所以它又是一门听觉艺术。

施特劳斯说：音乐是人生的艺术。音乐的世界如同人生一样是一个真实的世界，她充满着悲欢离合、酸甜苦辣、爱恨情仇、美好幸福……

音乐用她特有的语言表达着人们丰富的情感，展示着人们内心的世界。音乐也有“乐以教和”的作用，用音乐来教育感化人，使人与人之间和谐相处。

人生因为有了音乐的陪伴，生活才变得美满、幸福。

毕达哥拉斯认为，音乐是数字而宇宙是音乐。和谐将音乐与宇宙统一在了一起，而在这两个世界之间架起桥梁的是数字与数字之间的关系。音乐是人类灵魂的钥匙，是人类为启蒙而得到的最强有力的武器。

我国古人在《札记·乐记》中写道：“凡音之起，由人心生也。人心之动，物使之然也。感于物而动，故形于声；声相应，故生变；变成方，谓之音。”“凡音者，生人心者也。情动于中，故形于声，声成文，谓之音。”一个全面发展的人必须“文之以礼乐”，为人必须“兴于诗，利于礼，成于乐”，用音乐来修身养性，涵养人的内在品质，并以“成于乐”作为人格完善的最终目标。

心理学的定向反射和探究反射原理告诉我们，在一定距离内的各种外在刺激中，声音最能引起人们的注意，它能迫使人们的听觉器官去接受声音，这决定了听觉艺术较之视觉艺术更能直接地作用于人们的情感，震撼人们的心灵。

音乐用声音来表现，用听觉来感受，但这并不能说人们在创作和欣赏音乐时，大脑皮层上只有与听觉相对应的部位是活跃的，而其他部位处于静止状态。音乐家不只是透过听觉器官，而是用整个身心去感受、体验、认识和表现生活。

在所有的艺术形式中，音乐最擅长抒发情感，它借助声音能直接、深刻、真实地表现、传达和感受情感。

音乐在传达和表现情感上，优于其他任何艺术形式，因为它所采用的感性材料和审美形式，最适宜表达情感——庄严肃穆、热烈兴奋、悲痛激愤、缠绵细腻、如泣如诉等。

音乐有以下三种重要的功能：

1. 音乐有净化心灵的作用

音乐直接作用于孩子的情感，引起孩子的遐想，潜移默化让孩子接受某种意识观念的渗透，从而达到净化心灵的作用。

2. 音乐有调节情绪的作用

音乐可以诱发孩子内在的情感，触发孩子内心积极情绪，宣泄消极情绪。

3. 音乐有审美的作用

音乐对孩子的心理发展有着感染作用，让孩子产生一系列的情绪反应和情感体验，让孩子感受到美，进而去发现美和创造美。

【案例1】

小时候，莫扎特常常不由自主地走到钢琴前，按着琴键静静地听。

一次，莫扎特的父亲和朋友回家，看到4岁的莫扎特在桌边写着什么。

父亲问："孩子，你在做什么？"莫扎特说："我在写钢琴协奏曲。"父亲把莫扎特写的谱子拿起一看非常激动，对他的朋友说："你看，这孩子写的多好啊！"天资加上勤奋，成就了神童莫扎特。

【分析】

莫扎特被公认为音乐史上的音乐神童，他很早就显露出了在音乐方面的非凡天赋和才能。从莫扎特的童年中，就能看到他对音乐的投入和喜爱。

【案例2】

爱因斯坦的父母是犹太人，他从6岁开始学小提琴，后来，小提琴成为他的终身伴侣。爱因斯坦的童年并不是个学习好的孩子，4岁开口说话，他也曾经认为自己是个"少见的笨孩子"，但他的父母却从未放弃这个笨小孩儿。

父亲开始教他拉小提琴的时候，曾对爱因斯坦说："能治疗人生的伤痛和绝望的最佳良药就是音乐。”爱因斯坦在父亲的培养下很快显现了音乐方面的才能，他的小提琴拉得非常出色，并开始登台表演。

爱因斯坦的母亲是一位有修养的贤惠母亲，也是爱因斯坦的音乐启蒙老师。有一次，母亲坐在钢琴前轻轻地弹着琴键，弹出的旋律就如潺潺的溪水。一曲结束，她回过头一看，小爱因斯坦正歪着小脑袋投入地听呢，看他那入迷的小样子，妈妈觉得这孩子很有音乐天赋，高兴地对小爱因斯坦说：“瞧你一本正经的样子，像个大学教授，怎么不说话啊？”小爱因斯坦沉浸在音乐的世界里，还是不答一句话，那时他只有3岁。

【分析】

小爱因斯坦从6岁开始学习小提琴，他那幼小的心灵就已沉浸到优美的旋律之中了。七年之后，他懂得了和声学和曲式学的结构，并体会到演奏莫扎特作品的技巧和奥妙。

琴弦和心弦一起共鸣了，他一生中的科学和艺术生涯也开始了。他认为兴趣是最好的导师，从此爱上了莫扎特，小提琴也成了他科学生涯中的终身伴侣和欢乐女神，为这位科学家驱散了忧郁和喧嚣，也为他迈向科学家的征途增添了美丽与和谐。

认知：

理解：

唱一首歌	你当时的心情	对你的触动

准备：

音乐小游戏：

音乐启迪孩子的智慧

著名心理学家劳伦斯说：“只有当大脑右半球即‘音乐脑’充分得到利用时，这个人才最有创造力。”

无论是现实生活中，还是民间流传的故事，都证实了音乐对启迪儿童智慧、开发智力的重要作用。就拿4～5岁学习钢琴的孩子来说，一边看着曲谱，一边弹奏，眼睛看到的音符反馈到大脑，大脑反馈给手臂、手腕、手指，全身各个部位进入演奏状态。这个过程孩子既要动脑又要动手，对于孩子来说，这是一次体脑结合的劳动。

右脑心理学家也发现：音乐可以开发右脑，音乐由右脑感知，左脑却并不因此受到影响，而停止工作。在孩子玩耍时，如果给孩子播放音乐，孩子就会在不知不觉中得到了右脑的锻炼。

医学家、音乐家阿特穆勒通过一项脑电波的实验证明了音乐家的大脑与普通人的大脑的不同，结果是音乐家在演奏时脑波状态活跃。阿特穆勒认为通过学习演奏乐器，孩子大脑的某些部分会增大，其中8～9岁的孩子最为明显，演奏乐器使孩子大脑的硬件有了变化。潜能存在于人的右脑中，右脑的脑波呈α波状态。无论是大人或小孩常听听音乐，大脑脑波就会保持在α波活动状态。右脑中的潜在能力就会被源源不断地引发出来，人就会充满旺盛的精力，做事就会高度专注，思考问题也会敏捷。

巴斯缇安在英国魏丁区的一所普通小学做了一项实验，他随机抽选140名低年级的小学生；60名学生每周只上两节音乐课，其他80名学生除了正常上音乐课，还要接受专门的乐器学习、乐队合奏的训练，这80名学生被称为“音乐儿童”。第一年这两组学生没有什么区别，四年之后，“音乐儿童”的成绩明显提高了，经过智商测试，“音乐儿童”的智商比另外60名儿童平均提高了6个百分点。

巴斯缇安教授认为：学习演奏乐器对孩子的思维能力、协调能力、感知能力等方面都有极大的提高，因此，音乐能促进孩子认知能力的改善和智力的提升，促使孩子大脑得到均衡的发展。

1. 激发孩子的思维能力

孩子在演奏乐器时，眼睛阅读乐谱需要大脑高速的运转。演奏者在看了乐谱的第一小节后，信息通过眼睛传到大脑，大脑将指令传送到双手运动才演奏出乐曲，同时耳朵还要对演奏出来的音符进行检验。

刚接触乐器的孩子对这一过程的反应慢很正常，经过长时间练习，速度就会越来越快，对孩子的反应能力、思维能力提高都是有帮助的。

2. 提高孩子的协调能力

音乐的旋律始终是流动的，节奏也是一直在运动中的，所以孩子在演奏乐器时能有效提高手、脚、脑间的协调配合。

3. 提高孩子的感知力

奥尔夫认为“幼儿是在‘做’和‘在动作中理解’的过程中不断发现、不断完善起来的”。所以，父母最大化地为幼儿创设音乐活动，让孩子在唱唱跳跳、敲敲打打中感受音乐，用自己的语言表现音乐。慢慢地，孩子对时间、空间以及音乐所表达内容的感知力也会有很大提升。

4. 提高孩子的合作能力

乐队、合唱队是一个团队，某个人的演奏或演唱的水平再高也不能决定整个乐队的演奏效果。孩子进入乐队，自然而然就会融入团队中。因为声部之间要协调配合，除了演奏自己的，更重要的还要听其他人的演奏，整个乐队的演奏才能达到理想的效果，整个演奏或演唱的过程就很好地培养了孩子的集体合作能力，提高了孩子的合作意识。

实验证明，大多学习音乐的孩子都有着自信、活泼、积极、乐观的性格。

学习音乐、学习乐器演奏能让孩子不仅变得越来越聪明，而且还给孩子带来无穷的欢乐。

【案例1】

α脑波音乐是一种灵感音乐，产生于欧洲文艺复兴时期，音乐家把宇宙、自然界中的音响，以及与生命有关的所有信息融合在一起，奏出的音乐就是α脑波音乐。

α脑波音乐的节拍在60～70，频率在8～14赫兹。其作用原理是，通过8～14赫兹的音乐波动使大脑产生共振，将大脑脑波调至右脑工作的α脑波，也就是进入右脑状态即音乐脑状态。

这时大脑清醒、放松、注意力集中，情绪稳定且愉快，不易受外界干扰，大脑凭直觉、灵感、想象接收、传递信息。

【分析】

在脑电图上，大脑可产生四类脑波。在思考、分析、说话和行动时脑波是β波；睡意蒙胧时脑波变成θ波；进入深睡时变成δ波；当身体放松、大脑活跃、灵感不断的时候，就导出了α脑电波。

【案例2】

加利福尼亚大学欧文分校的神经科学家们发现大学生在听了莫扎特《D大调双钢琴奏鸣曲》后，测试他们的空间推理能力，发现他们空间推理的得分明显提高。

英国《新科学家》杂志报道了他们最新的研究成果，莫扎特奏鸣曲也能提高大鼠的学习和记忆能力。他们在新研究中发现，听了莫扎特奏鸣曲的大鼠，其大脑海马区内侧受到刺激和改变脑细胞联系的几种基因的活跃水平有明显提高。

【分析】

案例中提到大鼠大脑海马区内侧受到刺激和改变脑细胞联系的基因分别负责生成一种神经生长素，一种与学习和记忆有关的化学物质，以及一种神经突触生长蛋白质。研究人员希望，这一发现有助于为阿尔茨海默氏症和其他神经退化疾病的患者设计音乐疗法。莫扎特音乐已在临床上应用，阿尔茨海默氏症患者在听了莫扎特奏鸣曲后，其空间推理和社交能力都有明显提高。

认知：

理解：

唱一首歌	你当时的心情	对你的触动

准备：

音乐小游戏：

音乐培养孩子的直觉力

直觉是直观的感觉，没有经过分析推理，也就是人们通常说的第六感。直觉突现于大脑的右半球，它对突然出现的事物有一种迅速的识别和敏锐而深入的洞察。直觉是人本能的知觉之一。

直觉思维是一种创造性思维。直觉能力，是一种通过视听等多种感官的参与进而直接感觉到事物的能力。爱因斯坦说过科学研究和创造发明“真正可贵的因素是直觉思维”。他说：“我从6岁开始，跟父母学习小提琴，音乐世界赋予了我的直觉，对我的新发现运动物体光学有极大的帮助。”

音乐对开发右脑有着重要的作用，右脑又叫“音乐脑”，直觉来源于右脑，通过音乐对右脑的训练，孩子的灵感会源源不断地涌现出来。

音乐本身也是直觉的艺术。我们熟悉的音乐神童莫扎特的音乐多来自直觉，这位音乐天才每个灵感都会直接变成音乐，音乐是他内心状态的直接呈现。意大利哲学家克罗齐认为，直觉是心灵的表现，直觉和艺术在一定意义上是画等号的。

直觉能力的开发从胎儿期就要开始，胎儿靠直觉从妈妈提示的节奏、节拍的强弱中感知音乐。所以，在胎儿期就接受音乐熏陶的孩子很容易培养出直觉能力。

【案例1】

莫扎特1岁的时候，母亲就经常给他唱好听的歌谣，一听到美妙的歌声，小莫扎特就高兴得挥动着小胳膊。父亲也常常给他弹奏乐曲，莫扎特2岁的时候，就开始能准确地哼唱一些简单的儿歌了。

3岁时，他就显示出了非同寻常的音乐天赋。

莫扎特曾这样描述自己的音乐创作：“无论多长的作品都能在我的脑中完成。我从记忆中取出早已储存好的东西。因此，写到纸上的速度就相当快了，因为一切都已完备，它在纸上的模样跟我想象得几乎毫无二致。所以在工作中我不怕被打扰，无论发生什么，我甚至可以边写边说话。”

【分析】

音乐神童莫扎特是用直觉创作作品的音乐家，这与他父母的早期熏陶有着直接的关系，以至于刚出生就沐浴在音乐之中，让他的右脑得到早期的开发，打开了他的音乐灵感之门。

【案例2】

科学家爱因斯坦弹钢琴时突发奇想，开创了震惊世界的“相对论”。

数学家拉格朗日在意大利都灵圣保罗教堂聆听圣乐时，萌发了求积分极值的变分法念头。

德国物理学家海森堡受音乐理论中泛音振动的频率是基音振动的整数倍的启发，做了原子跃迁的基频与次频的实验。

创造性的灵感多来自右脑。美国得克萨斯大学行为学家阿格在《综合左右脑的管理才能》一书中指出：“右脑最重要的贡献是创造性思维。右脑能统观全局，根据一些支离破碎、互不连贯的资料，以大胆的猜测、跳跃式地前进，达到直觉的结论。这种直觉思维常常能超越现有的信息，预知未来的发展趋势。”他还说：“我们生活在瞬息万变的、变化趋势又千头万绪的时代，与过去的时代相比较，右脑的创造性直觉思维，对于我们的生存变得尤其重要。”

【分析】

音乐活动与右脑有关，通过乐器等的学习能大大提升右脑的敏感度。父母如果有意识给予孩子音乐方面的训练，就能促进孩子右脑的发育，进而发展孩子的直觉力。

认知：

理解：

唱一首歌	你当时的心情	对你的触动

准备：

音乐小游戏：

音乐培养孩子的想象力

幼儿期儿童的脑功能有着巨大的潜力，是培养孩子想象力的最佳时期。

音乐是作曲家借助想象，通过节奏、曲调、力度、速度等音乐要素，把内心的情感状态直接表达出来。想象力是音乐活动的重要特征，作曲家想象力的表达，演奏者想象力的再度创作，欣赏者充满遐想的倾听，无一能离开想象，音乐为每一个能触摸到她的人都插上了想象的翅膀。

父母根据孩子的年龄特点，要经常让孩子听听音乐，随着音乐自由地舞动，或者带孩子听音乐会、看文艺演出等，给孩子创设接触音乐的条件和环境，让孩子多感受音乐。

当孩子听到一首充满各种模仿动物声音的音乐，父母可以让孩子想象，你从音乐里听到了什么？可以让孩子扮演一只小乌龟，当听到音乐比较缓慢时鼓励孩子想象是不是乌龟走得很慢，还是它跑不动了？而当音乐忽然变得急促，问问孩子这是要发生什么？等等，让孩子融入音乐，孩子就会充分展开他的遐想。

【案例1】

亮亮的老师布置了一个家庭作业，就是回家听着音乐自由跳舞。回到家亮亮笨拙地舞动着他的手脚，偶尔还冒出一两个武术动作，时不时也模仿动画片里的动作，虽然跳得很搞怪，但也很投入，就是他跳他的，基本不听音乐。妈妈走过去跟他说："你跳得很有特点呀，你看妈妈这样跳怎么样？"妈妈边跳，亮亮也随着妈妈跳起来，这回跟上了音乐的节拍跳得也像模像样了。

【分析】

让孩子听音乐自由的跳舞，就是给孩子创造和想象的空间。孩子在自由舞动的过程中，就在充分调动他内在的资源，把他此刻的情感、视觉、动觉、想象等一切能感知到的审美因素调动出来，孩子也就进入了音乐的意境中，展开遐想。

【案例2】

李老师在教一年级音乐课《春天举行音乐会》时，先把音乐教室布置成春天的场景，这样就把学生直接带进了春天的氛围，让学生感受春天的小花、小草、春风、柳树……学生感受到了春天的美、大自然的美，非常开心。然后通过聆听《春天举行音乐会》，李老师让学生们讨论春天发生的故事，以及大自然的变化，进而继续发掘春天的美。通过对春天的体验和讨论，学生们在演唱《春天举行音乐会》这首歌时，很快就进入角色，把这首歌唱得优美又动听。

【分析】

李老师通过创设春天的氛围，让学生在充满兴趣愉悦的背景下，主动去激发学生的想象力、创造力，让他们在音乐实践活动中体验到快乐，感受到春天的美好。

认知：

理解：

唱一首歌	你当时的心情	对你的触动

准备：

音乐小游戏：

音乐培养孩子的专注力

一项有关演奏乐器与大脑发育之间联系的研究在《美国儿童与青少年精神病学学会杂志》上发表，研究显示，演奏乐器能够帮助孩子集中注意力、控制情绪和减轻焦虑，是提升专注力的极佳方式。

哈佛大学也曾做过一项研究，他们找来5～7岁的孩子，把他们分成两组：一组是持续学习乐器的孩子，一组是没有学习乐器的孩子。

4年后，研究人员通过扫描他们的脑部发现，学习乐器的孩子大脑皮层更厚。大脑皮层的薄厚决定孩子认知能力的高低。也就是说，学习乐器的孩子的认知能力比没学习乐器的孩子要高。

我们都知道，孩子在弹奏乐器的时候，必须要全神贯注，这样手、脚、脑之间的配合才能协调，才能准确高效地把乐谱上的音符、节奏、节拍、速度、力度等，清晰准确地弹奏出来。

【案例1】

奥尔夫音乐课杯子趣味游戏。杯子作为乐器，通过敲击杯子打出音乐的节奏，孩子可以在轻松、愉快的氛围中学习音乐的节奏和旋律，即增加孩子学习的兴趣和新鲜感，也大大提高了他们的专注力，步骤是这样的：

①拍两次手；②右手敲一下杯子；③左手敲一下杯子；④右手抓杯，移向右方；⑤拍一次手；⑥右手抓杯身；⑦左手击杯顶；⑧右手持杯，杯底击地；⑨右手持杯身，左手抓杯底；⑩右手放开，左手保持不动；⑪右手击桌；⑫左手持杯，倒扣在右。等孩子熟练整个杯子的敲击规律后，可将孩子分组，让孩子以小组为单位，相互配合敲杯子，一边敲一边唱。

【分析】

用杯子趣味游戏开展音乐教学，不仅锻炼了孩子间的合作能力，每个孩子的专注力也得到锻炼。在整个传递杯子的过程中，孩子也体验到了游戏带来的乐趣和新鲜感。这种创造性的学习方式，孩子既学到了音乐知识，锻炼了手眼协调能力，也激发了孩子对学习音乐的兴趣。

【案例2】

弹钢琴游戏是很好的一个提升幼儿专注力的音乐小游戏。

第一步：一组7个孩子按大小个站好，从1到7报数。

第二步：老师提醒孩子记住自己的号码，并告诉孩子号码在音乐中所代表的音符。比如，1代表do，2代表是re，3代表mi，4代表fa……

第三步：孩子围成一圈，老师坐在中央，游戏开始。老师用简谱唱，唱到哪个音，报相应数的孩子要快速站起，等音再次响起迅速坐回。

如果听到自己的音没有立刻站起来或者误站起来的孩子要表演节目。游戏开始前老师先用音阶试音，让孩子有一定的思想准备，老师唱的简谱可根据孩子的年龄由易到难，由慢到快。

【分析】

弹钢琴的音乐游戏是适合于学龄前孩子玩的音乐趣味小游戏，它是专门为提升孩子的专注力而设计的。孩子在简单的儿歌中学习了音符、速度等相关的音乐知识，同时也培养了孩子对数字的认知。在这个小游戏中，孩子通过音乐和数字的对位游戏，左右脑也得到了均衡的开发。

认知：

理解：

唱一首歌	你当时的心情	对你的触动

准备：

音乐小游戏：

音乐发展孩子的语言能力

音乐和语言都是人类表达思想、感情的方式。

温伯格在1994年做过一项研究，关于音乐教育对儿童语言影响的研究。研究对象是7～15岁的儿童，他给这些孩子增加了音乐学习的时间，减少语文和数学的学习时间。结果发现：音乐学习的增加提高了这些孩子的语言和朗读的能力。

夏洛特认为，音乐活动能促进儿童语言的发展，他提到利用音乐中的基本要素，诸如音高、强弱、速度、音色等方面进行练习，有助于孩子语言的表达，因为这些要素也是讲话中经常用到的要素。

在幼儿园歌唱教学活动中，教师用节奏朗诵的方式帮助孩子学习记忆歌词，就是语言与音乐很好结合的学习形式。通过变换不同的节奏型让孩子重复朗诵，在这个过程中，教师适当提示孩子的发音，让孩子做到正确吐字、咬字，逐渐地，孩子就会养成口齿清晰表达的习惯。

唱歌和说话使用同一个发声器官，只是一个是“说”，一个是“唱”，所以幼儿园歌唱教学活动非常有助于促进孩子语言能力的提高。

【案例1】

儿歌《我爱我的小动物》

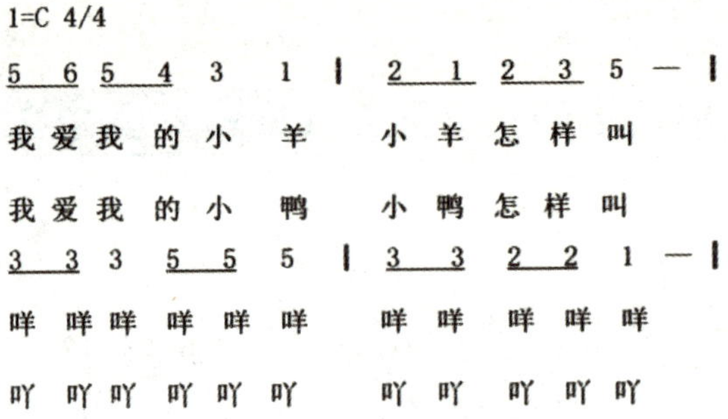

1=C 4/4

5 6 5 4 3 1 | 2 1 2 3 5 — |

我 爱 我 的 小 羊　小 羊 怎 样 叫

我 爱 我 的 小 鸭　小 鸭 怎 样 叫

3 3 3 5 5 5 | 3 3 2 2 1 — |

咩 咩 咩 咩 咩 咩　咩 咩 咩 咩 咩

吖 吖 吖 吖 吖 吖　吖 吖 吖 吖 吖

儿歌《我爱我的小动物》是一首非常具有童趣，生动形象的幼儿歌曲。在这首儿歌的教学环节设计中，教师为了让音乐活动更具趣味性，通过让孩子打出不同的节奏型来引起孩子兴趣，进而帮助孩子记忆歌词。

第一步：边打节拍边朗诵歌词。

4/4 × × × ×

第二步：边打节奏边朗诵歌词。

$\underline{XX}\ \underline{XX}\ X\ X\ |\ \underline{XX}\ \underline{XX}\ X\ -\ |$

$\underline{XX}\ X\ \underline{XX}\ X\ |\ \underline{XX}\ \underline{XX}\ X\ -\ |$

第三步：创编节奏来朗诵歌词。

$\underline{XX}\ \underline{XX}\ \underline{XX}\ \underline{XX}\ |\ \underline{XX}\ \underline{XX}\ \underline{XX}\ \underline{XX}\ |$

$\underline{XX}\ \underline{XX}\ \underline{XX}\ \underline{XX}\ |\ \underline{XX}\ \underline{XX}\ X\ -\ |$

【分析】

这是一首非常生动、逼真、有趣的低幼歌曲。让孩子多唱儿歌能让他们体验到童趣，同时也能帮助孩子进行口语表达，因为幼儿歌唱和幼儿语言是分不开的。在这个过程中，教师通过让孩子反复朗诵歌词，来规范孩子的发音，帮助孩子正确地吐字。不断变化的节奏也让活动变得有趣，孩子在愉快的心境下就会积极配合老师，进而纠正错误的发音。

【案例2】

今天金老师给小班小朋友上了一节《哈巴狗》的歌唱教学活动。金老师打开PPT的图片，引导幼儿观察："宝贝们看，图片上有一只哈巴狗，它有一双黑黝黝的大眼睛，看看，它坐在大门口，眼睛盯着什么呢？"引起幼儿的好奇，引导幼儿进入故事情节。

老师："哈巴狗盯着什么呢？"（启发幼儿想象，然后教师第一遍范唱）

幼儿：（都指着图片，大声喊着）"它盯着骨头呢！"

老师："下面老师要再唱一遍这首好听的儿歌，在唱之前，宝宝们要竖起小耳朵听好老师提的问题。

"第一个问题：哈巴狗坐在哪里？

"第二个问题：它吃完肉骨头做什么了？

"要仔细听哦！（老师第二遍范唱）"

老师："谁还记得老师的第一个问题？"

幼儿：（争先恐后地举手）"老师，是哈巴狗坐在哪里？"

老师："宝宝们真棒，那你们告诉老师哈巴狗坐在哪里啊？"

幼儿："是大门口……"

此时孩子们已经对儿歌产生浓厚的兴趣，进入儿歌中，用他们自己的语言表达着自己的想法，这个过程不仅激发了孩子的兴趣，也培养了孩子的口语表达能力。

【分析】

小班的孩子基本在3岁左右，语言发育还没有完善。金老师通过对幼儿的提问，让孩子回答，锻炼了孩子口头的语言表达能力。幼儿歌唱教学是提高幼儿语言表达能力的最好方式，孩子在说、唱、玩、跳中，既玩得开心，也锻炼了说话能力（图1）。

认知：

理解：

唱一首歌	你当时的心情	对你的触动

准备：

音乐小游戏：

本章复盘

◎ 小问题

回答下面的问题，帮助你理解音乐教育在家庭教育中的必要性。

1.音乐教育的目的是什么？

2.音乐教育首先要启迪孩子什么？

3.音乐与快乐的关系是什么?

4.音乐对孩子的智力是否有影响?

5.音乐对孩子的专注力是否有影响?

6.音乐对孩子的直觉力是否有影响?

7.音乐是否能促进孩子想象力的发展?

8.音乐是否能促进孩子语言能力的发展?

如何做更好的父母

◎收起你的懦弱，摆出你的姿态，在对孩子进行快乐指数培养时，不要打击孩子的积极性。

◎就算周边的人（含家庭成员）都否定孩子的快乐指数，你也要相信孩子，不要管别人的看法。

◎脚下的路是与人合作出来的，总是犹豫不决，不如勇敢地踏出一步，要相信，世上本没有做不到的事，只有不敢尝试的人。

◎不管孩子如何尽心尽力，都可能不被欣赏，总有人认为他不够好，不管别人的眼里怎么看，你都不能放弃。

“管理好自己”思考题

【反向思维】

◎学习音乐没有用，孩子不聪明!

◎孩子学习音乐了，还是不聪明!

◎孩子与我，道不同不相为谋!

◎担心孩子学不好音乐，浪费钱还丢人，被别人瞧不起!

【正向思维】

◎ 孩子学习音乐后，变得聪明了！

◎ 孩子学习音乐后，语言表达能力提高了！

◎ 孩子学习音乐后，与父母相处更融洽了！

◎ 孩子学习音乐后，做事更专注了！

与心对话

每日一问：

家庭生活中总有一些磕磕绊绊的冲突点，很多事情都需要快乐指数培养，你面对这些事是怎么解决的呢？你身边的家庭又是怎么处理的呢？

请将在家里看到孩子创新的事记录下来：

陶行知说：我们发现了儿童有创造力，认识了儿童有创造力，就须进一步把儿童的创造力解放出来。

音乐让孩子视野更宽阔

- 音乐让孩子“看”得深远
- 音乐让孩子“说”得艺术
- 音乐让孩子“做”得扎实
- 音乐让孩子“想”得丰富
- 音乐让孩子“爱”得深切

音乐让孩子“看”得深远

培养孩子“会”看、“会”观察，使孩子逐步形成自己的世界观。这也不能看，那也不能看，哪来的世界观呢？

视觉是人对外界事物非常重要的感觉，有80%以上的外部信息，都是经由视觉获得的。

看的目的是让孩子“会”看、“会”观察，发现世界的美，看到世界的光明和黑暗，在看中获得知识，在发现中获得智慧。

如何让孩子“会”看，看得深远，看得深刻呢？聚精会神、投入地去看，培养孩子专注力的品质是父母必须要重视的，只有心无旁骛地看，才能发现事物的美。

国外心理学者做过这样一个实验，研究者给孩子施以音乐刺激，他们把孩子分成两组，施乐组和对比组。施乐组的孩子聆听音乐，对比组的孩子不听音乐，持续一段时间后给两组孩子做注意力的测试，结果发现，施乐组孩子注意力集中的时间是对比组孩子的四倍。

一个学习乐器的孩子，要想准确把乐谱上的所有信息，比如音符、节奏、节拍、速度、强弱变化、变化音……都能清晰准确地弹奏出来，就需要调动多感官的参与，比如眼、耳、手、脚、脑等的协同合作，同时还要沉浸于作曲家所要表达的丰富的内涵，只有这样才能奏出动听的乐曲。这个过程就需要孩子注意力高度集中，如果稍一走神儿就会弹错。所以，一个有音乐素养的孩子，在弹奏乐曲的过程中都是非常投入的。他在音符中认识世界，在音符中体验着大自然，在音符中感受着人的内心世界。音乐带给他们丰富多彩的审美体验，他们在音乐中感受着真善美，也培养了如专注力等诸多优秀的品质。

这样内心有美有爱，又具有专注力品质的孩子做什么都会认真和投入。学习音乐并非让孩子学习一项技能，而是从小培养孩子一种素养，孩子拥有了这样的素养，父母再有意识引导他们多看，来拓展他们的视野，他们既能从中学习知识，又能增长智慧，发现美。

比如，引导孩子观察世界，会观察植物、动物的习性，让孩子养成观察的习惯，增强对环境的敏感性，渐渐地孩子的观察能力就提高了，也会促进孩子的写作能力。更重要的是通过孩子有品质地看，孩子会自然地融入大自然，成为大自然的一部分，亲自去体验和感受大自然的美妙和愉悦。

再如，书中自有黄金屋。父母还要引导孩子“会”看书，“会”看书主要是通过阅读培养孩子的阅读兴趣、阅读习惯和阅读方法。学会阅读，使孩子喜欢阅读，通过专注于阅读孩子会“跃入”书中，跨越时空进入不同的故事中，与不同的人物对话，成为故事中的一个人物或者旁观者。在这种全身心的阅读中，孩子以体验式的学习获得了丰富的知识，培养了兴趣，也促进了思考。

“会”看的孩子既能“走马观花”，又能“下马观花”；既能系统看“花”，又能从不同的角度看“花”；既能了解“花”的共性，也能了解不同“花”的个性特征。因为孩子用全部感官参与的观察能有效激活孩子的脑细胞，增强孩子的直觉力、想象力，培养孩子的思维能力，这整个过程是左右脑共同参与活动的过程。

特别值得注意的是：再也不要用教科书取代和限制孩子的阅读，再也不要为了让孩子阅读而阅读。为了要使孩子能广泛地阅读，在阅读中认知大千世界，开阔视野，就要大胆地让孩子去读他们感兴趣的书，让他们“进入”书中，和书中的“小伙伴”成为“朋友”。

通过培养孩子的音乐素养让孩子的右脑启动起来，孩子的内心将充满真善美的光辉，阅读也从此变得不同——看得更深、更远！

【案例1】

为什么我们读了那么多书，常常过不了多久就忘记了内容，但一次体验却能记住一辈子？因为只有经过了自己的感受、思考、感悟，内化成自己的东西，才能被吸收。为什么我们喜欢看与自己有共鸣的东西，只对那些与我们经历相似，或是我们渴望的事物感兴趣？因为这些都曾经是我们拥有过或体验过或见到过却求而不得，变成了深入自己内心的东西。

【分析】

“看”和“会看”是两回事。单纯用眼睛看，而没进入内心的“看”如过眼烟云，看再多的书，游览过再多的山川美景，也不会对他产生什么影响，因为他看的是“表”。而“会看”则既含有“看”的方法，也含有“看”的品质，就是专注地看，全神贯注地看，这种看的是“里”，它会触动人的内心，让人终生难忘。

“看”的品质是需要培养的。音乐是艺术这座山峰峰顶上的那颗璀璨明珠，因为她集所有艺术的优点于一身，她用音符展示这个世界，在音符中表达着人的真善美。通过让孩子学习和倾听音乐，可以让孩子体验和感受音乐传递的美，同时也培养了孩子的注意力、想象力和专注力。孩子因为通过学习音乐这门“语言”而使阅读变得更深入，孩子会在这样的阅读中获取丰盛的营养。

【案例2】

上初三的林荫说：“我就怕作文，一提笔就头疼，总觉得没东西可写。”陈鹏在一边抢道：“我也是，真不知道该写什么，从何写起。”

有的学生作文虽然交上来了，但仔细一看，刚开个头，敷衍几句，就草草收场。内容空泛笼统，不知所云。更有甚者抄袭成风，屡禁不止。学生们不会写作文的一个重要原因是不会写自己的所见、所闻、所感，体现在写作上就是不会观察生活。

【分析】

写作能力与观察能力直接相关。没有对生活、对大自然深入地观察，就很难直抒胸臆。每个人都有看的能力，但“会看”的人就不多了，这就是林荫和陈鹏写不出作文的原因，因为他们对丰富多彩的生活熟视无睹、视而不见。

“会看”需要父母从小培养孩子做事专注、认真、一丝不苟的习惯，这样孩子在观察小虫、小鸟的过程中才会专心、细心，才会变成“小虫”“小鸟”。

音乐是人类的语言之一，只是她是用音符的形式表达对世界的感受，是最接近心灵的艺术表达形式。同时学习音乐也是多感官参与的一个过程，这个过程中自然而然就培养了孩子很多的能力，比如注意力、专注力、想象力、直觉力、协调力、合作力……音乐对孩子全脑的开发，尤其是右脑的开发有着积极的作用。

建议父母在孩子6岁之前一定要有意识让孩子接触到音乐，让孩子的右脑得到锻炼，在音乐潜移默化的熏陶和学习中，孩子很多积极的品质自然就培养起来了。这时候父母引导孩子观察和感知事物的声、形、色、味等具体表象，引导孩子时时、处处注意用心观察周围的事物，源源不断得到的写作材料不仅“新鲜、鲜活”，而且“生动、栩栩如生”。相信孩子在音乐素养的底蕴下，观察世界的能力会更加直接和深入，写出漂亮的作文就不在话下了。

认知：

理解：

唱一首歌	你当时的心情	对你的触动

准备：

音乐小游戏：

音乐让孩子“说”得艺术

音乐和语言都是人类的表达方式，只是音乐是用来表达心灵的声音，语言则是表达思维的声音。音乐用音符书写，语言用文字成文。

我们更多了解的“会说”多是指运用语言表达的能力。

因为语言能使我们更好地融入社会，与人沟通，成为社会人。一定意义上来说，语言表达能力的好坏，对一个人的成功和人生的幸运起着非常重要且不可替代的作用。

我们很少关注来自心灵的声音，因为心灵的声音基本让思维的声音给掩盖了。当心灵的声音被掩盖，只听从大脑的声音，我们说出来的话，往往是貌合神离，真假难辨。

一个会说话的人，一定是既懂得用心又懂得用脑的人，这样的人说话真诚、有感染力，我们能从这样人的身上发现很多优秀的品质，比如自知、自励、自信、自控、通情达理、与人为善等，这样的人通常都是有极高情商的人。

脑科学已证实，左脑掌管说话、数字、逻辑、分析等理性思维，称为“语言脑”；右脑掌管图像、情绪、情感、艺术、想象力、创造力等抽象思维，称为“音乐脑”。由于日常生活离不开语言，因而“语言脑”的利用率就特别高，我们的父母在训练孩子语言表达能力方面也更多强调训练孩子的“语言脑”，如培养孩子的自由表达能力、培养孩子表达的准确性等。而“音乐脑”的利用率就很低，由于忽略右脑的训练，因此孩子在“说”的艺术方面就远远欠缺。

在1984年西德召开的国际医学研讨会上，研究者们肯定了音乐对人体与大脑的积极作用，“音乐会为身体按摩，带走所有的机理失调，调整荷尔蒙分泌，减缓压力，提高学习效率”。

通过音乐的学习也能培养孩子的自信心、自制力、承受力、与人交往、情绪调节等能力。

情商是情绪商数，也称情绪智慧，就是能够理解、调控、运用情绪的能力，而音乐教育直接影响着孩子情商的培养。

一个情商高的孩子一定是个“会”说话的孩子，因为孩子不仅在启动着左脑“语言脑”，右脑即“音乐脑”也积极活跃着。这使孩子的语言表达更能入心，更容易让人接受，也更容易和他人交流。

智慧的父母一定要有意识开发孩子的“音乐脑”，同时培养孩子的语言表达能力，培养孩子的自信心，让孩子敢于表达，自由表达。父母不要怕孩子说错话，因为家庭和学校就是孩子说错话、敢说错话的地方。增长孩子的知识，扩大孩子的知识面，用知识来支撑孩子的表达，用知识来增强孩子的表达自信。

引导孩子在不同的时间、地点面对不同的人，合理运用不同的表达方法等。培养孩子表达的准确性、讲诚信、讲契约精神、知行统一、表里如一，所表达的内容是自己真实的内心世界，是自己的所思、所想、所求。

我们父母不要把注意力只放在孩子语言表达能力的提高上，更应该重视如何能让孩子艺术表达，充分调动孩子的左右脑，让孩子的全脑得到充分地利用。

【案例1】

周彤的宝宝2岁半了还不会说话，只会说“爸爸妈妈”，交流多用手指指来指去的，什么都听得懂就是不会表达。以前老人一直说“贵人语迟”，大点儿就好了。但周彤意识到，同龄的宝宝都会简单地交流了，而她家宝宝还不会说单字，也不会说叠词，完整句子更是无法表达，教他说话也不学，这让周彤特别焦急和苦恼。

【分析】

音乐与语言有着非常密切的关系，在孩子2~9岁阶段，音乐对语言的发展有非常好的促进作用。麻省理工学院的专家通过实验证实了音乐对孩子语言能力的提高有帮助。

麻省理工的研究者对74名中国幼儿园的孩子所做的研究显示："这些孩子的整体认知能力并没有出现特别大的变化，但他们的词语辨析能力却提升了，特别是辨认辅音的能力，学钢琴的孩子进步最大。"

罗伯特·戴西蒙等人联合北京师范大学的研究者，邀请了一群4～5岁幼儿园的孩子，这些孩子都讲中文，然后将他们随机分成3组。一组每周上3次钢琴课，每次上课时间是45分钟；另一组上课外阅读指导课；第3组是控制组，控制组的孩子除了上幼儿园日常课程，没有其他特色课程。6个月之后，研究团队对这些孩子的词语辨析能力做了测试，检验他们辨别音调、辅音或元音的能力。

测试结果显示，比起上阅读课的孩子，上钢琴课的孩子通过辅音辨别不同词语的能力更强。而跟控制组相比较，前两组孩子通过元音辨别词语的能力也都更强。

研究者用脑电波扫描观察了孩子们的脑部活动，发现当用不同音高播放音调时，钢琴组孩子的大脑对音调的变化更加敏感。所以，音乐课或许增强了孩子们的音调敏感性，进而改进了他们的口头词语辨析能力。

戴西蒙还说道，“能够听出不同词语的区别，对孩子学习语言来说是个很重要的能力。而学音乐真的对此有帮助。”“音乐课似乎能够提升孩子辨认声音的能力，包括讲话时的声音，甚至比阅读课还有效。这说明学校可以在音乐教育上投入更多。很多学校都巴不得让孩子上更多阅读课，甚至完全不教音乐，但是音乐课的作用并不比阅读课差。”

不爱说话的孩子或是孩子语言发育迟缓，父母不妨给孩子听听音乐，常常给孩子唱一些活泼、动听的儿歌，每一首儿歌里通常都会有一个生动、鲜活的小故事，就会吸引孩子的注意力，孩子在听妈妈唱歌的过程中，会因为里面故事的吸引，不自觉地跟着妈妈唱。妈妈在和孩子互动的过程中，不仅能让孩子潜移默化地在音乐中得到滋养，语言的发音也会在不知不觉中完善起来。

【案例2】

很多妈妈都因为孩子“不会说话”着急，尤其看着别人家的孩子侃侃而谈、自信大方，自己家的孩子怎么总是路边鼓掌的角色?

丹丹妈妈：“孩子会说话，但是表达能力很差，和别的小孩玩，想干什么不会说，有时候会挨欺负，有时候着急了说不出还会动手……”

东东妈妈：“孩子5岁了，和同龄孩子比表达能力有限，啥也说不清，怎么办?”

扣扣妈妈："女儿现在6岁多，就是不爱说话，不善于表达，开心的时候还好一些，不开心的时候就不说话，怎么问都不说，没办法沟通。"

【分析】

现在很多孩子因为不够自信，因为害怕说错而不敢表达，或者说话吞吞吐吐、词不达意。不会说话的孩子一般情商都不太高，所以父母要找一种最快乐、最有趣、最易于和孩子互动的方式——音乐，让孩子在倾听音乐、学习音乐中培养情商，孩子很多优秀的品质和能力就会慢慢建立起来，如自信、与人交往、敢于面对、情绪调节等。

认知：

理解：

唱一首歌	你当时的心情	对你的触动

准备：

音乐小游戏：

音乐让孩子“做”得扎实

通俗地讲就是让孩子做，让孩子会行动。从小会学习，会生活，长大自然会工作。

21世纪的父母培养孩子的动手能力，就不仅仅只是做那么简单，而是培养孩子创造性地做、创造性地行动、创造性地学习、创造性地生活、创造性地工作。

我们都知道思维指导行为，就是怎么想就会怎么做。脑科学研究已经证实，左脑是控制人说话、数字、逻辑、分析的，我们平时多是左脑在行动。右脑是控制人的情绪、情感、想象力、创造力、直觉力的，要想培养孩子创造性的行动，一定要有右脑的参与，只有左右脑同时协作，共同参与，行动才会变得与众不同，音乐是刺激右脑行动的主要力量。

音乐直接作用于右脑。心理科学研究表明，孩子在欣赏和学习音乐的过程中，脑内大量的β脑波变成α脑波，α脑波能促使大量“脑内吗啡肽”的分泌，“脑内吗啡肽”的分泌能极大提高右脑的使用率，让右脑兴奋起来，促进大脑左右半球的相互协作和沟通。

在幼儿期父母就要经常让孩子学音乐、听音乐，这样可以大大刺激孩子的“音乐脑”，进而提高孩子的潜能，让孩子的行动充满想象力和创造性。

同时，父母也要对孩子进行生活信仰教育、生活习惯培养、生活态度培养等，在家庭实施生活教育，孩子就会学着过有创意的生活，自然也就更热爱生活了。

父母要为孩子音乐学习、音乐游戏提供体验的条件如时间、环境、乐器等，让音乐融入孩子的生活之中。也要让孩子进入家庭，进行广泛的生活体验，具体讲就是：让孩子做家务，从小学会生活自理；让孩子参与各种社会活动，主动融入社会，展示自己的社会价值。父母切忌以任何借口，控制和替代孩子做事。要让孩子在做事中发生自己的故事，增长自己的生存和生活的能力。

左右脑共同行动培养孩子“做”的能力，孩子做事的品质也会完全不同。孩子不仅自然就知道什么该做，什么不该做；也懂得什么是真善美，什么是假恶丑，这样的孩子会具有创造性地度过一生。

【案例1】

郭笑有两个儿子，哥哥8岁，弟弟6岁，小小的人儿在不知不觉中就长大了，他们自己的事情自己做，从妈妈最初一遍遍地耐心要求，到如今小哥俩能独立完成每件事儿，这期间就是郭笑陪伴两个孩子成长的过程。

郭笑在怀两个孩子的时候就有意识地听音乐让自己保持愉快的心境，也是通过音乐和孩子们交流。孩子们出生后每听到音乐总是特别开心和兴奋，于是郭笑平时就特别关注孩子们的兴趣点，发现一个孩子喜欢唱歌，另一个则对乐器特别感兴趣。两个孩子常常是一个自由地弹琴，另一个就兴奋得手舞足蹈，嘴里还哼着小调。郭笑每每看到小哥俩投入“玩”的样子，总是很欣慰。

郭笑还有意识锻炼他们动手的能力，鼓励孩子们自己的事情自己做，郭笑给他们制订星期生活表，把每天的作息时间都定下来，孩子自己独立完成的事情，都会得到表扬和鼓励。

随着孩子年龄的增长，郭笑又开始培养他们做家务，孩子们最初不愿意去做，到主动要求去做，也是一个逐步递进的过程。到现在，郭笑一家每到周末，孩子们都会争先恐后要求分担一项家务活，比如刷碗、扫地、叠衣服、到附近的便利店买东西等。这些都是由孩子们自己选择，郭笑会给他们留足够的空间。

【分析】

郭笑的这种育儿方式，让孩子的大脑得到全面的开发。苏霍姆林斯基曾说：“儿童的智慧在他的手指尖上。”很多研究显示，人脑中与手指相关联的神经所占面积比较大，指尖上的神经能将外界刺激传送给大脑，大脑再对刺激进行加工、处理以调整手的动作。平时经常刺激大脑皮层中的手指运动中枢，也就是让手指多运动，大脑就会日益发达，继而促进智能的提高。

建议父母教育孩子要从能调动孩子左右脑同时行动的角度出发，来培养孩子自己动手，丰衣足食，让音乐不离开孩子的生活。平时做饭、做家务让孩子打下手的时候放些背景音乐，周末和孩子一起动手做小点心的时候放些背景音乐……进行一段时间会发现，孩子会变得积极、阳光，遇见什么事情都喜欢自己去做。

【案例2】

一个小女孩问妈妈：“为什么豆芽菜那么畅销？”妈妈回答说：“因为只有一个摊铺卖豆芽。”小女孩又问：“那我们可以自己培育然后卖吗？”

小女孩的梦想从种豆芽菜开始了。妈妈买了培养土、大豆种子，种到了篮子里。几天过去了，豆芽发芽了，但在阳光的照射下，都打蔫了，第一次种豆芽以失败告终。妈妈用温柔且坚定的目光看着女儿说：“没事儿，我们再试一次。”妈妈又找来了关于豆芽种植的书，提到豆芽菜必须在阴凉的环境中生长。母女俩经过再次努力，结果又失败了。她们没有气馁，继续看书研究，书上提到种豆芽早晚需按时浇水。虽然妈妈只有小学文化，但是妈妈很擅长解决问题。

下雨天，妈妈看着外面的雨水忽然来了灵感，找来了好多个空饮料瓶，灌满水再扎上眼儿，绑在木棍上，成了最好的喷淋设备。当女儿问妈妈是否会有效时，妈妈的一句“我们可以试试”就像神奇的肥料一般，滋养着女孩儿的好奇心，从此也让女孩儿的知识之树无限茂盛地生长起来。

【分析】

这是一个很励志的家教故事，妈妈是孩子最好的老师，她激发了女儿学习的动力。但是我们不得不看到，这仍然是典型的左脑思维训练。

21世纪是创造性的社会，如果父母不有意识开发孩子的右脑，尽管孩子有很好的自理、自立的能力，也不会走得太远。聪明的父母要意识到艺术教育尤其音乐教育对孩子全脑开发的重要性。让音乐时时伴随孩子左右，同时再去帮助孩子完成自己想要做的事，而不是替代孩子做事情，培养他们独立动手的能力。

时时提醒自己放手，让孩子自己来，相信每个父母都能做到。

认知：

理解：

唱一首歌	你当时的心情	对你的触动

准备：

音乐小游戏：

音乐让孩子“想”得丰富

上帝给孩子一个大脑，是为了让孩子“想”得丰富，也就是想象力丰富，会创造性地思考。孩子是带着“会想”的天性和“会思考”的天赋来到世界的。但是我们发现孩子从受孕到出生再到长大这个过程里，孩子从会说话开始，右脑即“音乐脑”的功能就逐渐衰退了，而左脑也就是“语言脑”却越来越发达。也就是说，每个孩子都有思考的能力，但有创造性思考的人则少之又少。

伟大的科学家爱因斯坦说：“我的科学成就很多是从音乐启发而来的。”使爱因斯坦在科学领域迸发火花，取得世人瞩目成就的重要因素是音乐。对于音乐的热爱和学习，是开启爱因斯坦科学大脑的主要原因。良好的音乐环境扩展了他的右脑思维能力，也构成了他左右脑思维的均衡性。研究者们经过大量的调查研究证明了爱因斯坦和多数诺贝尔奖获得者一样，都是右脑发达型的科学家。

音乐是开启右脑的金钥匙，一个有创造性思考的孩子一定是右脑发达的人。作为父母我们不能单纯地认为孩子“能想”就行，更要培养孩子“会想”，大胆地去想，充满想象地想，有创造地想，让孩子尽其所能地“想”得丰富多彩。所以建议父母让孩子越早能接触到音乐对孩子右脑的开发就越有利。

非常遗憾的是当下我们的家庭教育、学校教育和社会教育都在扼杀着孩子“想”的功能，限制和控制着孩子的思考，奴役着孩子的大脑。比如，父母们潜意识地把“听话的孩子”视为“好孩子”，把“不听话的孩子”视为“坏孩子”，而事实恰好相反。

现在如果我们说：“听话的孩子不是好孩子。”当下，有多少父母能接受得了呢？

为什么要这样说？道理很简单，“听话的孩子是好孩子”说明父母和教师的大脑取代了孩子的大脑。

同时我们的父母更加不了解音乐教育对培养孩子创造性

思考的重要性，所以从小到大孩子的右脑基本处于休眠状态。当下，孩子本该自己想的都让大人给替代了，更何谈创造性的思考呢！

培养孩子会想，尤其培养孩子创造性地会想，是要在调动左右脑协同合作的基础上，培养孩子调动视觉、听觉、嗅觉、触觉等进入大脑的能力。养成思考的习惯，多问几个为什么，养成发问的习惯，比如多问“这是什么？它是怎么来的？将要到哪里去？”等等，这样的思考对于父母来说，可能已经淡漠了，但对孩子来说却充满了兴趣和好奇。比如，孩子常问：天上的星星是什么？星星是哪儿来的？星星在黑夜为什么会发光？这都是科学问题，孩子充满了好奇心。另外，要培养孩子自由的思想和独立的人格，给孩子想象力的空间，绝不能以父母的思考方式和判断标准来对待和控制孩子。要根据孩子不同阶段的思维能力启发和引导孩子去自由思考，去独立判断，去自由选择，从而形成孩子自己独立的人格。

【案例1】

很晚了，小明房间还亮着灯，爸爸走进他的房间，问他：“这么晚了怎么还没睡？”小明说：“这道数学题我还没算出来，明天就要交作业了，请帮我看一下。”爸爸听孩子这么说心里很高兴，觉得孩子学习很认真，挺用心的。爸爸走过去，看着孩子对着一道题发呆。爸爸看了说：“这不和你前两天做的那道题类似吗？只是提法和要求变了一下，解法应该都是相同的啊！”小明困惑地看着爸爸，“你说的是那道画辅助线的题吗？是啊，我怎么没想起来呢？”爸爸摸着小明的头说：“做题要学会独立思考，可不能总等别人提示呀。”

【分析】

孩子在学习时一般会有两种情况出现，一种是不加思考地学习，老师怎么说，孩子就怎么记，对学的知识没有什么体验，也没经过思考，即使学会了，很快就忘得一干二净；另一种是学习了，理解了，加上自己思考，学的东西就会记得很牢，无论多久都能记忆犹新。

很多时候，父母和老师只是关注孩子学会了多少内容，考了多少分，对孩子是不是融入了自己的思考不太在乎，时间一长，孩子也就懒得去思考了。

孩子缺乏独立思考能力，缺乏想象力、创造力，究其原因，还是与他们所处的环境有关，尤其是家庭教育。如果孩子接受了不恰当的家庭教育，父母不懂得科学的育儿理念，都会导致孩子思维空洞，毫无想法。所以，父母一定要知道“做”的前提是“想”，要“想”鹤立鸡群，就要和别人“想”得不一样，培养孩子创造性的思维是非常必要的。

【案例2】

伟大的科学家爱因斯坦喜欢古典音乐，像舒伯特、莫扎特、巴赫、海顿等都是他特别推崇的音乐大师。钢琴家莫斯考夫斯基说：“扶摇直上的巴赫音乐使爱因斯坦不仅联想到耸入云端的哥特式教堂的结构形状，而且还联想到数学结构的严密逻辑。”他察觉并开创了音乐内部的数学结构，认为“这个世界可以由音乐的音符来组成，也可以由数学公式来组成”。这是何等的奇思妙想啊！弗德勒·克莱因说：“至于莫扎特，他的音乐‘具有某种超脱时间、地点和环境的惊人的独立性，这正是为爱因斯坦创造的音乐’。”爱因斯坦对变奏曲极感兴趣，在学习演奏的过程中，通过无数次练习各类复杂多变而丰富的音型节奏，培养了他日后攻克科学难题的坚强意志，也奠定了他创造性的思维意识。在他成年后研究相对论的日子里，正是在弹奏了一番钢琴后激发了灵感而解决了科学上的难题。

【分析】

爱因斯坦曾说：音乐给他带来丰富的灵感。他有着卓越的直觉能力，这种叹为观止的直觉力与艺术家的想象力有着异曲同工之妙。爱因斯坦的“追光”实验就是一种最典型的艺术表达。“我相信直觉和灵感……当1919年日食证明了我的推测时，我一点也不惊奇。要是这件事没有发生，我倒会非常惊讶。想象力比知识更重要，因为知识是有限的，而想象力概括着世界上的一切，推动着社会的进步，并且是知识进化的源泉。”

认知：

理解：

唱一首歌	你当时的心情	对你的触动

准备：

音乐小游戏：

音乐让孩子“爱”得深切

我国古代伟大的教育家孔子认为“仁者人也”“仁近于乐”，孔子解释“仁”即是“爱人”。“人而不仁如礼何，人而不仁如乐何”，孔子认为只有用“礼”和“乐”的手段才能达到“仁”的境界，也就是通过周礼、音乐才能达到人人爱我、我爱人人的理想的社会境界。人的道德境界的养成也是通过“兴于诗，立于礼，成于乐”来达成的。可见，音乐具有审美教育和道德教育的意义，以及培养真善美的内在品质，达到爱人、爱己的能力自古有之。

贝多芬也曾说过：“音乐能使人类的精神迸发出火花。音乐比一切智慧、一切哲学有更高的启示。”他所作的第九交响曲最后乐章《欢乐颂》，向全人类发出了“亿万人民拥抱起来”的召唤，充分体现了音乐家“自由、平等、博爱”的伟大胸襟，听起来令人振奋，感人肺腑。我们也从他的音乐中获得了心灵的升华，从中汲取人生的力量。所以音乐教育能达到启迪孩子的智慧、净化孩子心灵、愉悦孩子身心的作用，让孩子在音乐中获得爱的滋养，在音乐中感受和理解爱，让孩子在内心播下爱的种子，渐渐地他就会把这种爱的感受移情到生活中的方方面面。

爱是人生中最伟大的力量，家是爱的港湾，家庭是滋养爱心的摇篮。所以，父母对孩子也要会爱，在爱中培养孩子的爱心和爱的能力。培养孩子的爱心，就是让孩子爱人、爱社会、爱自然、爱智慧。

爱人就是爱父母，爱教师，爱同学，爱周围的一切人。

爱社会就是爱家庭、爱学校、爱不同的人群，遵守社会的公德，守护社会的规则。

爱自然就是认识自然，保护自然环境，使自己成为自然中的一个生命体。

爱智慧就是爱书、爱知识、爱科学。

父母也要有意识把孩子的爱心及时转化为爱的能力，使孩子有能力去爱。

爱人、爱家、爱社会、爱自然、爱智慧都是需要能力的，没有爱的能力，就谈不上真正的爱，或者说有爱心也不可能付诸行动，更不可能让爱持久下去。

父母培养孩子爱的能力实际上很简单，如培养孩子感恩的能力、承担爱的责任、报答父母、报答家庭、报答学校、报答教师、报答社会等都可实现孩子爱的价值，使之学会爱。

【案例1】

高媛老师曾给三年级的同学上了一堂音乐公开课《神奇的手》，让听课的许多老师都记忆犹新。她首先是让学生来认识自己的手，学唱歌曲《巧巧手》来夸夸我们的手。然后再通过欣赏《雀之灵》片段和学生展开讨论和创造性活动，让学生思考我们的手还可以做些什么。课堂的高潮是欣赏和介绍歌曲《感恩的心》，老师让学生一起随歌曲轻哼并模仿歌曲中的手语来表达自己的心声，学生们都切实地感受到了爱的呼唤，心灵的震撼，许多学生顾不上众多听课老师在场，流下了激动的泪水。在随后的小结活动中，学生都表示“要用我们的爱和双手去关爱他人，帮助他人”。虽然只有短短40分钟的一堂音乐课，但这种对爱深刻的感受和体验相信能让学生永远铭记在心。

【分析】

通过感受，我们才能了解爱的无私和被爱的幸福；通过感受，我们才能更好地去体会“爱”的意义和真谛，才能为爱社会、爱他人做好思想和情感的铺垫。而借助于音乐更容易帮助人达到情感上的一种共鸣与升华，因此，父母要善于用音乐引导和教育孩子实际去感受爱。

【案例2】

宋小宝见到接她放学的妈妈高兴地说：“妈妈，我爱你。”这让小宝妈妈有些措手不及，笑着问道：“这是怎么了，难道以前不爱妈妈吗？”

小宝：“以前也爱呀，可是今天上音乐课，老师说要把心里的爱勇敢地说出来。”

小宝妈：“谢谢，小宝，妈妈也爱你。这是一堂什么样的音乐课呀，妈妈好好奇，给妈妈讲讲吧。”

小宝：“今天音乐老师教我们唱《老师的歌》，老师让我们写《给某某人的心里话》，把最想和她说的话写出来，我第一个就想到妈妈了。”

小宝妈妈很激动，顺势摸了摸小宝的小脑瓜说：“谢谢，小宝，妈妈也爱你，别的同学都说些什么了？”

小宝：“有的同学写给老师，您嗓子哑了，喝点水吧，还有老师，您笑起来真好看，好多记不住了。”

学生们对内心最想表达爱意的那个人的缕缕真挚的情感因这堂音乐课都尽情地展示出来。宋小宝和她的妈妈也是一路上怀着满满的幸福和爱意回家。

【分析】

有一首歌是这样唱的：爱要勇敢说出口。的确，许多时候将爱勇敢说出来，可以大大增进人与人之间的感情，促进人际关系更和谐地发展。

苏霍姆林斯基说："音乐教育并不是音乐家的教育，而首先是人的教育。"这堂音乐课让同学们懂得在享有他人关爱的同时，也要付出自己的爱，以行动去理解、关爱他人，关爱世界，人类才会生生不息（图2）。

认知：

理解：

唱一首歌	你当时的心情	对你的触动

准备：

音乐小游戏：

本章复盘

◎ 小问题

回答下面的问题，帮助你理解“全脑”开发在家庭教育中的必要性。

1.音乐对开发“全脑”的作用是什么？

2.音乐开发“全脑”首先要做到什么？

3.音乐开发“全脑”的基本要素是什么？

4.音乐开发“全脑”有哪些要注意的环节？

5.音乐开发“全脑”的效果有哪些？

6.音乐开发“全脑”和掌握知识应该如何区别？

7.音乐开发“全脑”的方式不同，效果有什么不一样？

8.音乐开发“全脑”在家庭中的问题有哪些？

如何做更好的父母

◎收起你的懦弱，摆出你的姿态，有意识地去开发孩子的“全脑”，不要打击孩子的积极性。

◎就算周边的人（含家庭成员）都否定孩子，你也要相信孩子，不要管别人的看法。

◎很多事都需要尊重，要相信，世上本没有做不到的事，只有想不到的。

◎不管孩子如何，都可能不被欣赏，总有人认为他不够好。不管别人怎么看，你都不能停止努力去帮助孩子开发“全脑”。

“管理好自己”思考题

【反向思维】

◎“全脑”开发没有用，孩子没有想象力、创造力！

◎“全脑”开发到位了，孩子依然没有想象力、创造力！

◎我与孩子，道不同不相为谋！

◎对孩子“全脑”开发不到位，反而被别人瞧不起！

【正向思维】

◎“全脑”开发之后，家庭和睦了！

◎“全脑”开发之后，孩子的能力提高了！

◎“全脑”开发之后，孩子的情商更高了！

◎“全脑”开发之后，孩子的想象力更丰富了！

与心对话

每日一问：

家庭生活中总有一些磕磕绊绊，很多事情都需要对孩子进行“全脑”思维的引导，你面对这些问题是怎么解决的？你身边的家庭又是怎么处理的？

请将在家里看到的让孩子“全脑开发”的事记录下来：

陶行知说：生活教育的目标，分析开来，在乡村小学里，应当包含五种：一、康健的体魄；二、农人的身手；三、科学的头脑；四、艺术的兴趣；五、改造社会的精神。我主张以国术（即武术）培养康健的体魄，以园艺来培养农人的身手，以生物学来培养科学的头脑，以戏剧来培养艺术的兴趣，以团体自治来培养改造社会的精神。

音乐让孩子更快乐

- 音乐让孩子“吃”得更香
- 音乐让孩子“睡”得踏实
- 音乐让孩子“玩”得开心
- 音乐让孩子相处得愉快
- 用音乐的方式和孩子互动

音乐让孩子“吃”得更香

让孩子在音乐中快乐、健康地成长是最适合、最快乐、最有效的方式，每个孩子都是天生的音乐家，音乐是孩子与生俱来的天赋。我们生活在这个世界上，追求快乐，向往美好生活的愿望从来没有停歇过，而音乐恰恰赋予了我们每个人生命的交响。

音乐是孩子享受快乐人生的源泉。

孩子来到世上的第一感觉就是嗅觉和味觉，嗅觉是远感，味觉是近感，两者整合将会互相作用，对孩子的成长有着终身的影响。

人生首先是吃，只有吃得营养，才能健康地长大。

父母教育孩子的首要任务应该是让孩子学会吃。

会吃就是让孩子知道吃什么，为什么吃，怎么吃。让孩子吃得安全、吃得营养、吃得健康、吃得简约、吃得文明。

培养孩子会吃，父母要有营养意识，比如不要孩子偏食，就要告诉孩子：你的身体需要淀粉、脂肪、叶绿素等营养物质，要想健康长大就要学会吃等。

培养孩子吃得简约和吃得文明，就不要让孩子因父母喂养而产生依赖，失去他（她）们独立饮食的良好行为和习惯。

再就是父母要了解如何才能让孩子吃得更香，消化得更好，让肠胃受益，促进孩子身体健康。

我国古代医学宝典《黄帝内经》就有“脾在声为歌”的记载；《周礼》也有“乐以侑食，盖脾好闻声丝竹尔”。中医理论把食物的消化吸收归结为脾胃的运化功能，音乐有助于增强脾胃功能，对消化功能有积极的促进作用。

美国《每日健康新闻网》报道俄亥俄州立大学的营养学专家迈科尔教授的一项研究：伴随着优雅的音乐进食，不但会增加食欲，还有利于保养脾胃。他说：“音乐之所以能增强胃口，是因为神经高位中的大脑边缘系统和脑干网状结构对人体内脏的功能起着主要的调节作用，而音乐对这些神经结构都能产生直接影响，优美的音乐能促进唾液分泌，并让胃的蠕动变得有规律。”

父母要知道音乐不只是艺术，它也可以养身健体，调理情绪。家长在孩子吃饭或饭后的一段时间，适当给孩子播放节奏舒缓、音色优美、动听的古典音乐，对孩子的身心健康是非常有益的。

【案例1】

可可小朋友是一个斯文内向的小男孩儿，父母离异了，从小由奶奶带大。爸爸总是工作很忙，很少有时间陪伴孩子。平时奶奶最头疼的事就是让可可能多吃点饭。因为可可吃饭总是很费劲，奶奶就担心孩子长不高，长不壮实。所以可可的体质就不太好，经常爱感冒，拉肚子，个子也不高，还很瘦。

【分析】

孩子不好好吃饭在当下成了许多父母最为头疼的问题，不少父母为此忧心忡忡，为了孩子吃饭真是费尽了心思，用尽了各种方法。

孩子不爱吃饭的原因有很多，比如没有养成良好的饮食习惯，平时零食吃得太多，孩子脾胃不好……都会导致孩子不爱吃饭。

家长要用心观察孩子不爱吃饭的原因，可可小朋友是一个个子不高，又有些瘦弱的孩子，平时还爱得感冒，有爱拉肚子等症状，考虑孩子是不是脾胃不好，吃的东西不爱消化。如果是这种情况，父母不妨在孩子吃饭的时候放一些欢快、柔和的音乐，因为“脾好音乐，闻声即动而磨食”。优美、动听的音乐能对孩子产生良性刺激，放松身体，使人体产生和谐共振，对整个中枢神经系统产生作用，从而对呼吸、循环、内分泌系统起到调节作用，促进血液循环和新陈代谢，有利于孩子消化。

【案例2】

2个月的潘潘宝宝这段时间不爱吃饭，老是恶心，还总是便秘，看着脸色很差，瘦瘦小小的，潘潘妈实在忍不住带孩子去了医院，老中医跟潘潘妈说这孩子是积食了。

积食是中医的一个病症，是指小儿乳食过量，损伤脾胃，使乳食停滞于中焦所形成的胃肠疾患。积食多发生于婴幼儿，主要表现为腹部胀满、大便干燥或酸臭、矢气臭秽、嗳气酸腐、肚腹胀热。食积日久，会造成小儿营养不良，影响生长发育。

【分析】

宝宝年龄较小，天生脾胃比较虚弱。如果妈妈喂养不当就会造成孩子积食。孩子后天气血是否充足主要依靠饮食的供养，而饮食需要脾胃来消化运转，所以古人说：“脾胃为后天之本，气血为生化之源。”

父母要了解音乐是可以调理身心疾病的。现代医学从神经生理学的角度揭示了音乐与消化系统的关系。愉快的音乐有助于消化液的分泌和食物的流动。音乐的节奏能改善胃的蠕动收缩功能。所以，妈妈在给孩子哺乳时让宝宝听听舒缓的古典音乐有助于增强孩子的脾胃功能。

认知：

理解：

唱一首歌	你当时的心情	对你的触动

准备：

音乐小游戏：

音乐让孩子“睡”得踏实

睡眠是与清醒交替出现的人体机能。是保证孩子身体健康的基本要素。在家庭里常出现的问题是：孩子睡眠不足、睡眠时间被剥夺。

一般来说，孩子在不同年龄阶段有不同的睡眠时间，如新生儿（刚出生1个月内）18～20小时；婴儿（1个月至1周岁前）14～16小时；幼儿（1岁至3岁前）10～13小时；学龄前（3岁至7岁前）11～13小时；小学生（7岁至12岁前）10小时；中学生（12岁至18岁前）8～9小时；大学生及成人（18岁至60岁）8小时；老年人（60岁以后）5～7小时。

根据人的生物钟夜里不要超过12点入睡，最好在11点之前就要入眠。如不按时入眠，不但影响身体健康，还会影响孩子以后职业发展以及生命的活力。

当下，由于应试教育的影响，小学生每天晚上做作业要到夜里才能入睡，早上6点钟就要起床，这对孩子的成长发育是很不利的。因此，需要学校和父母配合，保证孩子的身心健康。

首先，父母不仅自己要会睡，还要教育孩子会睡。

培养孩子会睡，重要的是使孩子该兴奋时兴奋，该抑制时抑制，即该学习时学习，该活动时活动，该休息时休息，该睡觉时睡觉。这样生命才有活力，学习成绩才会提升，身体就会健康。

父母教育孩子会睡，就要保障孩子的睡眠时间，提高孩子的睡眠质量，培养孩子良好的睡眠习惯。

其次，如果发现孩子睡眠不好要及时发现并治疗孩子的睡眠疾病。

医学研究已经证明，古典音乐治疗睡眠问题是安全有效的。第一，音乐声波的频率和声压会引起腔内人体组织细胞发生和谐共振现象，使颅腔、胸或某一个组织产生共振，这种声波引起的共振现象，会直接影响人的脑电波、心率和呼吸节奏；第二，优美悦耳的音乐环境可以改善神经系统、心血管系统、内分泌系统和消化系统的功能，促使人体分泌一种有利于身体健康的活性物质，这种物质可以调节体内血管的流量和神经传导。这样人体的神经系统就会得到调节，睡眠状态也就得到了改善。

孩子如果出现睡眠障碍，在孩子睡觉时放一会儿古典音乐，特别是每分钟60～80节拍的速度，这样的频率通常与正常人的静息心率紧密匹配，能对身体产生镇静作用，具有生物的舒缓作用，有助于降低血压，减轻压力水平，促进孩子身体放松，就会自然而然地进入睡眠状态了。

【案例1】

可乐从出生到1岁，可乐妈从来就没有睡过一个连续超过3小时的好觉。从心急的奶睡、抱睡，到无数次夜奶，变成平和的奶睡、抱睡，到无数次夜奶。期间经历了从大床睡到小床睡，再到放小床就尖叫哭闹再回到大床睡。

可乐7个月大的时候因为晚上睡得不好导致白天进食太差，可乐妈下定决心给可乐戒掉奶睡的习惯。有一次晚上入睡前，小可乐总算可以脱离母乳入睡了。但因为小可乐除了是个睡渣，还是个奶渣，白天摄入的奶量实在太少，为了补足需要的奶量，可乐妈还是在晚上给可乐喂了奶。

如果没遇上可乐得幼儿急疹或支气管炎的话，戒掉了奶睡也算是件开心的事。有段时间因为可乐得了幼儿急疹，连续高烧3天。生病的那几天，几乎什么都不吃，除了母乳。没办法本来已经戒掉的奶睡，在一场病后又故态复萌，睡前不给吃奶根本不愿意睡。

【分析】

可乐不好好睡觉的主要原因是奶睡，戒除奶睡孩子的睡眠质量就会慢慢好起来，对于这样的孩子建议妈妈不要一下子给孩子戒掉，而是应逐渐减少给孩子喂奶的次数。

父母要有意识给孩子养成规律的睡眠习惯，给孩子创造安静的睡眠环境，在孩子睡觉的时候给孩子放安静的《摇篮曲》或者母亲轻柔地哼唱都有助于孩子入眠。白天不要让孩子睡得太多，随着年龄的增长应培养孩子单独睡的习惯，慢慢地，孩子就会自然入睡了。

【案例2】

午睡时间又到了，今天李老师把萍萍隔壁床的琳琳调了个头，并对她们进行了说教："今天老师会一直在旁边陪着你们睡午觉，如果你们能安静睡觉，醒来就奖励你们好看的贴纸。"萍萍努力地点点头，躺在床上，她又东张西望，李老师走过去，请她轻轻地闭上眼睛。她闭了一会儿，不自觉地睁开眼睛瞄瞄老师，看到老师正在看着她，就马上又闭起眼睛，过了一会儿，萍萍的小眼睛又偷偷地睁开了，看到老师又赶紧闭了起来。就这样闭闭睁睁了几个回合，总算睡着了。

午睡结束后，李老师就萍萍午睡的表现表扬了她，还奖给她可爱的贴纸，萍萍觉得特别光荣和开心，答应老帅以后一定会好好睡午觉的。

【分析】

萍萍每次午睡时，经常要很晚才能入睡，总是翻来覆去，有时还会和隔壁床的琳琳聊天，虽然声音不大，但是还是会影响午睡秩序。

这样的孩子就要观察她不想睡的原因，客观原因比如午睡的床位及周边环境是否安静。再就是观察孩子，比如萍萍看到老师还是比较乖的，陪伴在她旁边她就能闭眼睛。老师也可以慈母般地轻声哼唱一小段《摇篮曲》，这也会让孩子兴奋的神经安静下来，慢慢地就能让孩子养成安静入睡的习惯。

认知：

理解：

唱一首歌	你当时的心情	对你的触动

准备：

音乐小游戏：

音乐让孩子“玩”得开心

“玩”是孩子的天性，也是孩子最喜欢的，而且在孩子各种能力形成的过程中起着至关重要的作用。

长期以来，玩在我们的家庭教育中一直被歪曲：因为“玩”字在我国的辞典里多为贬义，如贪玩、玩弄、玩物丧志、玩人丧德、玩忽职守、玩火自焚、玩弄辞藻等。于是，一些父母就开始忌讳孩子“玩”，总是控制孩子“玩”，还一味地要求孩子“把心用在学习上，不能用在‘玩乐’上”。

如果说让孩子边听听音乐边“玩”，既能满足孩子玩的乐趣，又能潜移默化影响孩子的右脑，对于父母来说基本就是更难理解的一件事情了。

其实，这些父母没有真正地理解“玩”的含义，更不了解音乐对孩子身心健康的影响以及对右脑开发的价值，仅仅认为音乐是一种茶余饭后的消遣。

因此他们作为父母自己就不会玩，也玩不出水平，玩不出质量来，致使家庭生活无趣、职业无趣、创新创造更无趣。

音乐和“玩”有着密不可分的关系。

音乐和“玩”的共性都是为了让孩子获得快乐，通过在倾听音乐或学习音乐中获得快乐，在“玩”中获得快乐。多数父母都不了解，有音乐素养的孩子更会“玩”，能“玩”出更多花样，因为他们更有想象力，更有创造力，更有直觉力。

美国一位心理学家曾提出：“只有当大脑右半球也充分得到利用的时候，这个人才最有创造力。”国外心理学家做关于音乐与大脑关系的教育实验研究，结果显示，接受音乐教育的实验组的学生在创造力、想象力和空间思维能力等方面都要比没有接受过音乐教育的普通组的学生要高，音乐对大脑的开发，尤其是右脑的开发有重要的作用。

屠呦呦“玩中医”，“玩”成了诺贝尔科学家；爱因斯坦“玩物理”，“玩”出了“相对论”；普朗克“玩物理”，“玩”出了“量子论”；贝多芬“玩音乐”，“玩”出了《降E大调第三交响曲》；钱学森“玩飞镖”，“玩”出了“两弹一星”等等。他们在幼年和青少年时代都会“玩”，换句话说：他们都是“不听话”“我行我素”“不愿意受控制”的孩子，就是“玩”让他们产生了兴趣，创造、开辟了世界上一个个伟大的杰作。他们也是与音乐有着不解之缘的人，从他们身上看到一个严密、完美的创造思维，一定是大脑左右两个半球相互协调配合的结果。

欣赏音乐或学习音乐的孩子会“玩”出创造性思维。有远见的妈妈在孕期就开始有意识接触音乐，让宝宝在妈妈肚子里就开始右脑的开发。让音乐不离孩子生活，让音乐伴随孩子的一生，受音乐熏陶的孩子内心总是平静和喜悦的，这并不影响父母培养孩子对万事万物的兴趣，丰富孩子的生活。当然，父母还要善于激发孩子将“玩”的兴趣转化为情趣，使孩子产生对事物和人的爱，让“玩”的情趣再转化为志趣，进而去发现孩子的天赋，培养孩子的志向，使孩子对自己的志向充满兴趣和好奇心，充满情趣和爱心。让孩子玩在“趣”中，学在“趣”中，发展于“趣”中，幸福于“趣”中。这样的孩子左脑和右脑都能得到运用，情商和智商同时提高，孩子一生都会生活在幸福和快乐之中。

【案例1】

在美国某知名高校举行的一次精英夏令营中，上海共挑选了两名优秀高中生参加。有一名学生诸多方面的条件都很优秀，英语流利，门门功课都是A，基本考虑入选。美国精英教育中心总裁向这名学生提出了一个问题，问他课余时间都玩些什么。这名学生回答说：“每天的功课都做不完，没有时间玩呀。”在他们讨论最后的人选时，这位总裁毫不犹豫地淘汰了这名学生。她说：“不会玩的孩子往往是书呆子，缺乏创造力，没有发展潜力。”

【分析】

一直以来父母都有一种偏见认为学习音乐和玩都是不务正业的行为，是会误正事儿的，是要分散精力的，是会影响孩子学习的。但事实是，音乐和玩都是在开发孩子的潜能，发现孩子的天赋。

有研究表明，学习音乐的孩子，在想象力、创造力、专注力等方面都要比没接触过音乐的孩子要好上几倍。会玩的孩子和不会玩的孩子相比，无论在接受能力、反应能力、交往能力等方面也都要胜出一筹。很多像爱因斯坦这样的科学家，他们既是闻名于世的伟大人物，又是了不起的音乐家。这些有音乐背景的人物更会“玩”，能“玩”出极致，因为他们的右脑得到了较充分的利用。

案例中这位被淘汰的“优秀”的高中生，相信他的智商一定很高，是一位非常聪明的孩子，但他在想象力、创造性方面不一定很突出。他的左脑很发达，但他的右脑可能还在休眠。

【案例2】

很多孩子喜欢玩水、玩沙，而在此过程中他们会遇到许多“难题”，这时，守在一旁的父母最好不要急于给出答案，要给孩子时间，鼓励他们“启动”自己的大脑去解决。

有一次，昭昭往“漏斗”里装沙子，结果是上面装下面漏。于是他用手指头堵住漏斗口，等装满沙子再松开手，把漏斗挪到另一个瓶口内，让沙子流进去。然而，沙子下漏的速度很快，从他拿开手指到将漏斗对准瓶口的瞬间，沙子几乎都漏光了。昭昭回过头来求援似的望着妈妈，但一直盯着他的妈妈却把头转向一边一声不吭。昭昭无奈地一次次地重复着……终于，他恍然大悟：先将漏斗口伸进瓶口，再开始灌沙子，很快瓶子就被装满了。他得意地回头看妈妈，而此时，妈妈已经向他竖起了大拇指。

【分析】

孩子在玩的时候，经常会因“走投无路”而发出“求救”信号。这时，父母最需要做的就是沉住气，让他有时间自己琢磨琢磨：还有没有别的路可走？如果不行，父母可以给一点提示，而不是直接告诉他该怎么做，比如启发昭昭：“想想看，在漏斗放进瓶子之前，怎样才能让它不漏呢？”然后鼓励孩子自己去尝试。这有助于孩子从小学会从多种角度来思考一个问题，使之终身受益。

根据人脑“用进废退”的原理，孩子在玩的过程中越能更多思考，孩子也就越独立，智力发展就越快。不要给孩子多余的帮助，更不要代劳，让孩子自己思考、自己解决、自己享受独立空间，只有在远超出孩子能力范围的事情上，给予适当的引导和帮助。

防止“功利”思想，即便孩子没学到明显的知识，没增长什么“本事”，但他们兴致勃勃地探索、游戏的状态也很有价值，这不仅是孩子思维的锻炼，也能优化孩子的性格。

从这个案例也让我们意识到，多数父母还是没有认识到右脑开发的重要性。音乐在培养孩子的想象力和创造力上有着独一无二的优势，父母要抓住一切孩子玩的时间有意识地播放轻松、舒缓、动听的背景音乐，让孩子在玩中潜移默化刺激孩子的右脑，这样孩子在玩中左、右脑就能得到均衡的发展。

认知：

理解：

唱一首歌	你当时的心情	对你的触动

准备：

音乐小游戏：

音乐让孩子相处得愉快

相信家长都很熟悉合唱、合奏以及各种形式的音乐活动，它们也是人际关系的一种反映，它们本身就是一种社会交往活动。但与实际的人际交往不同的是，音乐活动提供的是一个安全、愉快的环境，这个环境对于孩子来说更轻松、更包容，能为参与的孩子提供足够宽松的空间来关照自己、关照别人、改善和提升与同伴儿交往的能力。

除了人际关系和社会交往，音乐也在很大程度上为参与的孩子提供了一个表达、交流和宣泄的地方。在音乐活动或音乐游戏中，由于孩子们共同的参与使彼此间有了平等、互助和理解，不由自主地在分享和减轻着各自的心理压力，以及情感困惑等所带来的副作用，为解决孩子生活中的若干困扰提供了支持。

越是没有音乐背景的孩子，甚至是身心患有各种疾病或者障碍的孩子，越能够在音乐活动中获得满足感和自信心。音乐在孩子身心健康和成长的过程中都是非常宝贵和有价值的。

【案例1】

美国人艾杰顿和他的团队在1994年做了一项研究，他们把一群6~9岁的孩子分成两组，一组是发育迟缓组，一组是发育正常组。对他们进行分别教学时，将音乐整合到孩子的社会游戏中。结果发现，音乐极大地促进了两个小组孩子的理解力和参与游戏的能力。他们也注意到，发育迟缓的孩子面对压力时的焦虑水平也下降了。研究还发现，对小朋友使用背景音乐时，他们出现了更多的同伴交往行为。

【分析】

音乐活动的一个重要功能是调节人的情绪。“情商”的提出者美国的戈尔曼博士研究证明，情绪系统控制着生活中大量的效能感和满足感。这些正面的感觉能减少人对社交的焦虑。所以，如果在家长和孩子的时间和条件都不允许的情况下，不妨就让孩子多听听音乐，玩玩乐器，也能建立与世界的连接。

孩子的人际交往能力比学习成绩更重要，家长不能等到他们上大学时再培养。提高人际交往能力，除了培养孩子对社会情境的辨析能力和提高对他人心理状态的洞察力，家长完全可以借助艺术手段，尤其是音乐活动，来提升孩子的交往能力。

【案例2】

小学阶段开展无伴奏多声部合唱的训练，能够让孩子在训练过程中体会合作精神和与人交往的能力。帮助孩子适应与人合作的模式，在实际训练的过程中，逐渐地体会和积累相关的经验，适应与人合作的生活模式。

从已经开展无伴奏多声部合唱教学尝试的学校反馈来看，这项教学内容的开展显著提升了这些学校的学生与人交往的能力，有助于孩子合作意识、责任意识、沟通能力以及自我意识的养成。

【分析】

当人们进行正常的人际交往时大脑的活跃性要远远高于学习状态，长时间处于这种状态下会使人感到心情舒畅，有助于身心健康发展。

小学生进行无伴奏多声部音乐教学，有助于帮助学生在学习过程中培养与人合作的意识和能力，在沟通交往过程中锻炼语言表达能力，让学生愿意与别人交流，同时让学生在与人交往的过程中也学会换位思考、为他人着想等可贵的品质。

认知：

理解：

唱一首歌	你当时的心情	对你的触动

准备：

音乐小游戏：

用音乐的方式和孩子互动

在音乐活动的开始需要一个“打招呼”的环节来帮助孩子快速建立关系，便于孩子之间尽快熟悉，自由自在地参与活动。特别是在组织特殊儿童、精神病康复期病人和老年人参加音乐活动的时候，在活动的开始和结束用像《你好歌》《骑着我的小白马》就是个不错的选择。

《你好歌》（谱例3–1）和《骑着我的小白马》（谱例3–2）有很多个版本，建议父母根据孩子的具体情况和活动目的进行编创和改编，加入互动、律动以及认知、行为等方面的内容，可以用钢琴、吉他来伴奏，也可以采用无伴奏，比如用拍手、跺跺脚的方式来进行。歌词和旋律都以简单为佳，父母也可以用孩子的名字来替换歌词，让孩子在愉快的音乐体验中，感受乐趣，建立自信。

谱例3–1：

你好歌

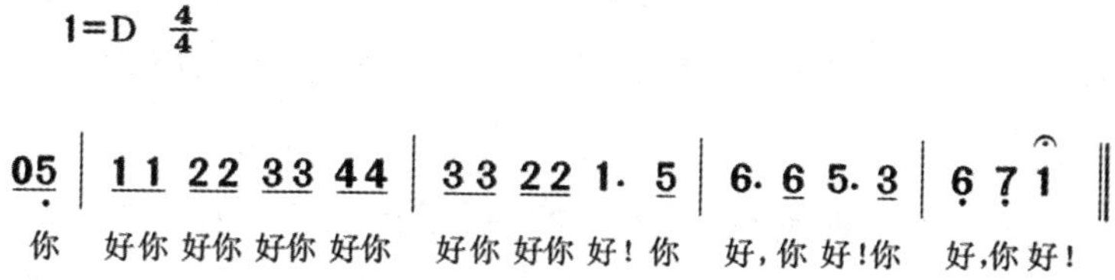

1=D $\frac{4}{4}$

05 | 11 22 33 44 | 33 22 1· 5 | 6· 6 5· 3 | 6 7 1 ‖

你 好你 好你 好你 好你 好你 好你 好！你 好，你 好！你 好，你 好！

在《骑着我的小白马》这首歌曲中，父母可以在歌词“踢踏踢踏”处的多次重复中进行下面的音乐游戏活动，增进亲子关系，培养孩子的想象力和创造力。

谱例3–2：

骑着我的小白马

1=F $\frac{2}{4}$

5 | 1 1 1 3 | 5 6 5 3 | 4 4 2 2 | 7 0 5 |

我 骑 着 我 的 小 白 马，踢 踏 踢 踏 踢 踏： 我

| 1 1 1 3 | 5 6 5 3 | 2 2 #4 4 | 5 0 5 |

跑 过 原 野 跳 过 栅 栏 又 到 小 河 边。 踢

| 4 2 5 4 | 3 1 5 3 | 2 5 6 7 | 1 2 3 5 |

踏 踢 踏 踢 踏 踢 踏 跑 过 原 野 跳 栅 栏 踢

| 4 2 5 4 | 3 1 5 3 | 2 5 6 7 | 1 0 ‖

踏 踢 踏 踢 踏 踢 踏 又 去 了 小 河 边。

第一步：父母在唱完第一句歌词后停下来，等待孩子接唱。

第二步：让孩子使用双响筒、沙锤等乐器，在唱“踢踏踢踏”的时候在乐器上进行演奏，演唱其他的歌词时停止演奏。

第三步：如果是亲子活动，可以让家长坐在地上或者椅子上跟随歌曲的节奏踮腿和脚，孩子坐在大人的腿上弹跳，同时可以与第一、第二步的内容相结合。如果是儿童集体课或者成年人的团体活动，可以进行下面这些动作上的编排：第一句“我骑着我的小白马”：双手抬至胸前，做骑马时左右摇摆状，双脚跟随音乐节奏原地踏步；第二句“踢踏踢踏踢踏”：手上动作变成前后拉缰绳状，向前迈步；第三句“我跑过原野跳过栅栏又到小河边”：全体孩子拉起手来围成一个圆圈；第四句“踢踏踢踏踢踏”：使用第二句的动作，全体成员做前后拉缰绳状，向圆圈的中间迈步；第五句“跑过原野跳过栅栏”：全体成员拉起手来向圆心靠拢；第六句“踢踏踢踏踢踏”：全体成员一边做第二句的动作一边向四周散开；第七句“又去了小河边”，然后回到原座位上坐好。

【案例1】

在家庭中父母用像《你好歌》《骑着我的小白马》作为家庭成员之间问候的小的趣味性音乐活动，为孩子营造健康丰富的音乐环境。用歌唱的形式来问好，彼此介绍，不仅很自然地让孩子和音乐建立起联系，也让孩子经常把自己的名字编入歌曲中，帮助孩子建立了自我意识，让孩子在参与过程中感受音乐给他们带来的乐趣和自信。

【分析】

在家庭音乐活动中，家长可以将音乐以外的很多信息嫁接到音乐活动中，达到寓教于乐的效果。参加活动的家人多是没有音乐背景的，甚至连音乐细胞都没有，遇到这种情况，可以像案例中家人之间通过唱《你好歌》《骑着我的小白马》这样简单的儿歌进行互动，既锻炼了孩子的交往能力，也让孩子在音乐游戏中放松情绪，获得参与的快乐。

【案例2】

朗儿家每周末都会组织一次有趣的家庭音乐趣味活动，朗妈总会根据本周朗儿的情绪变化做相关的设计和组织。朗儿也总是通过在音乐玩耍中不知不觉把积聚一周的负面情绪宣泄出去。

有一次，朗儿问妈妈思念是什么意思，朗妈觉得孩子开始有意识探索情绪的问题了，于是针对朗儿的这个问题，朗妈借助《如果幸福大家一起拍拍手》（谱例3-3）而设计了《幸福拍手歌》的音乐趣味活动，引导参与活动的家人对不同的情绪进行讨论和音乐的互动。

谱例3–3：

如果幸福大家一起拍拍手

水村利人作词
佚　名作曲

1＝G $\frac{4}{4}$

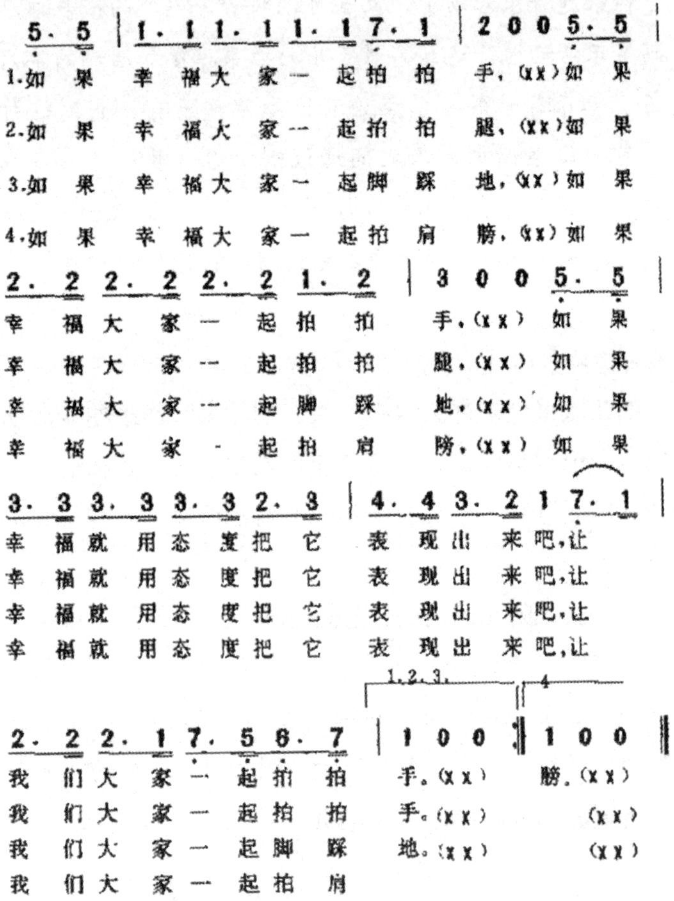

5· 5 | 1· 1 1· 1 1· 1 7· 1 | 2 0 0 5· 5 |

1.如果 幸福大家一起拍拍 手，(x x)如果

2.如果 幸福大家一起拍拍 腿，(x x)如果

3.如果 幸福大家一起脚踩 地，(x x)如果

4.如果 幸福大家一起拍肩 膀，(x x)如果

2· 2 2· 2 2· 2 1· 2 | 3 0 0 5· 5 |

幸福大家一起拍拍 手，(x x) 如果

幸福大家一起拍拍 腿，(x x) 如果

幸福大家一起脚踩 地，(x x) 如果

幸福大家一起拍肩 膀，(x x) 如果

3· 3 3· 3 3· 3 2· 3 | 4· 4 3· 2 1 7· 1 |

幸福就用态度把它 表现出来吧，让

幸福就用态度把它 表现出来吧，让

幸福就用态度把它 表现出来吧，让

幸福就用态度把它 表现出来吧，让

2· 2 2· 1 7· 5 6· 7 | 1.2.3. 1 0 0 :‖ 4. 1 0 0 ‖

我们大家一起拍拍 手。(x x) 膀。(x x)

我们大家一起拍拍 手。(x x) (x x)

我们大家一起脚踩 地。(x x) (x x)

我们大家一起拍肩

朗妈是这样设计的：

第一步：带领家人一起演唱歌曲，歌谱中每出现一个X代表做歌词里提到的动作一次，一边演唱一边做动作。

第二步：引导家人讨论日常经常能体会到的情绪、情感的种类，如幸福、生气、思念、失望、高兴等。

第三步：让家人思考用一个动作来代表不同的情绪，比如：幸福——拍手、生气——跺脚、思念——托下巴、失望——甩甩手、高兴——跳起来等。

第四步：将前面讨论的情绪与相应的动作填到《幸福拍手歌》的旋律中，一边唱一边进行肢体动作的表演。

第一遍：如果感到幸福你就拍拍手　X　X（拍手）……

第二遍：如果感到生气你就跺跺脚　X　X（跺脚）……

第三遍：如果感到幸福你就拍拍手　X　X（拍手）……

第四遍：如果感到思念你就托下巴　X　X（做托下巴动作）……

第五遍：如果感到失望你就甩甩手　X　X（甩手）……

第六遍：如果感到高兴你就跳起来　X　X（跳跃）……

通过每周一次朗妈组织的家庭音乐趣味小游戏，朗儿总是玩得最欢实、最快乐的那位，卸掉了一周的疲劳，每周的星期一对朗儿来说都是一个崭新的开始。

【分析】

像朗妈这样有智慧的父母，懂得音乐里蕴藏着巨大的宝藏。通过组织每周一次的家庭音乐趣味活动，让孩子体验到参与的乐趣、合作的意识。在音乐游戏中孩子动手、动脑、动脚、朗读、思考、认知等等都有效得到锻炼。这种口唱、耳听、脑记、手动、眼观、身体动作等综合的音乐体验式的学习方式大大增强了孩子的主观感受和感官体验，最大限度地发展了孩子的感知能力、理解记忆能力、想象联想能力、动口动手能力、表达表现能力、创造学习能力，关键是孩子在玩中感受到无尽的快乐（图3）。

认知：

理解：

唱一首歌	你当时的心情	对你的触动

准备：

音乐小游戏：

本章复盘

◎ 小问题

回答下面的问题，帮助你理解快乐指数培养在家庭教育中的必要性。

1.音乐与快乐培养的目的是什么？

2.音乐与快乐培养首先要学会什么？

3.音乐与快乐培养的步骤是什么？

4.音乐与快乐培养有哪些环节？

5.音乐与快乐培养有什么效果和表现？

6.音乐与快乐培养和掌握知识应该如何链接？

7.音乐与快乐培养的方式不同，其效果有哪些不一样？

8.生活中与人合作的快乐有哪些？

如何做更好的父母

◎收起你的懦弱，摆出你的姿态，在对孩子进行快乐指数培养时，不要打击孩子的积极性。

◎就算周边的人（含家庭成员）都否定孩子的快乐指数，你也要相信孩子，不要管别人的看法。

◎脚下的路是与人合作出来的，总是犹豫不决，不如勇敢地踏出一步，要相信，世上本没有做不到的事，只有不敢尝试的人。

◎不管孩子如何尽心尽力，都可能不被欣赏，总有人认为他不够好，不管别人的眼里怎么看，你都不能放弃。

“管理好自己”思考题

【反向思维】

◎音乐与快乐培养没有用，孩子不快乐！

◎孩子音乐与快乐培养到位了，孩子还是不快乐！

◎孩子与我，道不同不相为谋！

◎音乐与快乐培养不到位很丢人，怕被别人瞧不起！

【正向思维】

◎音乐与快乐培养之后，家庭和睦了！

◎音乐与快乐培养之后，孩子的能力提高了！

◎音乐与快乐培养之后，父母与孩子相处更融洽了！

◎音乐与快乐培养之后，父母与孩子的误会没有了！

与心对话

每日一问：

家庭生活中总有一些磕磕绊绊的冲突点，很多事情都需要快乐指数培养，你面对这些事是怎么解决的呢？你身边的家庭又是怎么处理的呢？

请将在家里看到的让孩子快乐的事记录下来：

陶行知说：儿童的社会兴趣与行动的意志。感情教育不是培养儿童脆弱的感情。而是调节并启发儿童应有的感情，主要是追求真理的感情；在感情之调节与启发中使儿童了解其意义与方法，便同时是知的教育；使养成追求真理的感情并能努力与奉行，便同时是意志教育。意志教育不是发扬个人盲目的意志，而是培养合于社会及历史发展的意志。合理的意志之培养和正确的是知识教育不能分开，坚强的意志之获得和一定情况下的情绪激发与冷淡无从割裂。

音乐让孩子更健康

- 音乐疗愈孩子的心灵
- 音乐调节孩子的情绪
- 音乐促进孩子听觉发展
- 音乐治疗孩子的病伤
- 音乐促使孩子身心健康

音乐疗愈孩子的心灵

美妙的音乐给人带来美好的感受，让人产生愉悦、安静、祥和、幸福等积极的情感体验。积极的情绪让人身心放松、内脏器官工作平稳，对身体健康有益；消极的情绪则与之相反，不利于身体的健康。

心灵创伤最好的治疗师不是别人，是自己。当问题发生的时候，很可能是外界的刺激有点儿强烈，让我们的防御体系暂时失去控制。音乐可以帮助我们让身心放松，同步的音乐能够支持和包容我们的情绪，积极美好的音乐能带领我们找回自己的能力，调动内在的积极资源，进而帮助我们解决情绪、情感上的症结。

【案例1】

晓阳相恋3年的男友难捱跨国恋的煎熬，同她的闺蜜好上了。那段时间，晓阳痛不欲生，成天浑浑噩噩。因常魂不守舍，她在勤工俭学的咖啡厅经常被顾客投诉，不久就被老板炒鱿鱼了。

一天课间休息时，同学们都走出了教室，晓阳无精打采地坐在那里，想着心事。不一会儿，大胡子朗教授手里端着一个生日蛋糕，后面跟着一帮同学唱着生日歌进来了。大家走到晓阳面前时，她才从心事中醒过神来，呆呆地问：“给谁过生日啊？”大家说：“给你啊！”看着眼前关爱自己的老师和同学，晓阳再也忍不住，眼泪哗啦啦流了下来。陷入失恋痛苦的她已经把一切都忘了，包括自己25岁的生日。

朗教授说："现在我们把这堂课的内容改一下，晓阳在生活上遇到一些事情，让我们大家来帮助她。"他让晓阳面对一个墙角坐着，给了她一面大鼓，在她的对面又放了一把椅子，这在心理学上叫空椅子技术，是一种心理投射。教授说："你就想象你男友坐在你面前，把心里要对他说的话，用你的鼓声告诉他。"晓阳觉得这跟小孩儿玩的"过家家"差不多，不以为然地连跟大胡子教授说没事，拒绝老师和同学对她进行音乐治疗，但固执的朗教授一定让她坐下。晓阳不忍拒绝朗教授的好意，只得乖乖照做。她按朗教授的要求，想象着男友就坐在自己跟前，开始敲鼓，一边敲一边说着心里话。宣泄的口子一旦撕开仿佛无法停止，这些天在她脑子里翻滚的话，不断从嘴里涌了出来，晓阳越说越激动，后来就像疯了一样地敲鼓，泪水早已模糊了她的双眼。晓阳沉浸在忘情的诉说中，发泄着心底的怨气。

【分析】

敲鼓帮助了晓阳发泄积压已久的内心的痛苦。音乐声波的频率会引起生理上的反应。频率、节奏、有规律的声波振动是一种物质能量，而适度的物理能量会引起人体组织细胞发生和谐共振。敲鼓和晓阳内在积压的情绪呼应，通过击鼓这一媒介，尽情宣泄了晓阳长期积聚内心的怨怼的情绪，促使晓阳内心的流露和情感的交流。

【案例2】

小周的家庭生活一直非常平静，直到新冠肺炎暴发的时候。疫情在他们所住的地区暴发时，小周的父母先后出现了咳嗽、发烧、呼吸急促等症状。疑似感染之后，小周带着父母去了医院。在去医院的路上，小周不禁失声痛哭，她感觉天都要塌下来了，恐惧和无助包围了她。但她还是坚强地陪父母做完了检测。后来，父母被检测为阳性，但都为轻症，经过医生的治疗和小周精心的照顾之后，父母逐渐康复了。

疫情最恐怖的是什么？不是感染时的害怕，而是未感染时的恐慌。恐惧有时候比病毒更加可怕。

【分析】

人们面对未知的恐慌是正常的，如何减轻甚至消除恐慌就显得尤为重要。

通过倾听音乐可促使身心放松，减轻紧张、焦虑的情绪。生物反馈系统研究表明，在通过倾听音乐放松身心的过程中，人的身体会发生心跳减慢、血压降低、血管容积增加、肾上腺素下降、胃肠活动增加等身体反应，这都是身体放松状态的表现。当身体进入放松状态后，恐慌、焦虑的情绪就会降低甚至消失。

认知：

理解：

唱一首歌	你当时的心情	对你的触动

准备：

音乐小游戏：

音乐调节孩子的情绪

当我们听到交响诗《红旗颂》的时候，是否会有宏伟、庄严、壮观、豪迈、幸福的情绪体验，甚至会联想到中国人民的英勇顽强、奋发向上，祖国蒸蒸日上的繁荣景象；当我们听到小提琴协奏曲《梁山伯与祝英台》的时候，音乐马上又把我们带入时而深情婉转、时而温柔幸福的感受；当我们听到管弦乐曲《春节序曲》的时候，则会联想到欢度春节的喜气洋洋的欢庆场面。音乐用她特有的方式唤起人们对记忆中某个场景的回忆，把人的情绪带入与乐曲同样的情绪中去，也就是把人从一种情绪带入另一种情绪里。

古人云："乐由心生。"音乐是人内心情感的表达，她同时也能支持我们各种各样的情绪。我们都有过这样的体验：情绪不好的时候如果听到一首和自己情绪状态相似的歌曲，会发出"唉，歌曲唱的好像是我"或者"这首歌就是为我写的"这种感叹；紧张、生气的时候听一首节奏感强、情感表达强烈的歌曲时，会有一种畅快淋漓的感受，会觉得有部分的紧张情绪随着音乐一起发泄出去了，抑或特别想跟着音乐的节拍放纵一下。

有一个"与音乐同步"的音乐治疗理念。当人处于消极情绪状态时，对情绪的干预常常不是马上把消极情绪带出去或者是转移注意力，而是使用"与音乐同步"的理念，就是在一定时间里让消极情绪在音乐的氛围里进行充分的宣泄，对有消极情绪的人的潜意识进行引导，进而帮助他们解决心理方面的诸多问题。

【案例1】

国外有心理学家曾对两个不同类型的交响乐队的208名队员进行了分析。结果发现，以演奏古典乐曲为主的乐队成员心情基本都是平稳愉快的；以演奏现代乐曲为主的乐队成员中60%以上的人容易急躁，22%以上的人情绪消沉，还有一些人经常伴有失眠、头痛、耳痛等。

还有一个案例，有人曾选用290首名曲先后测试过两万人，都引起了听者的情绪变化。情绪变化的大小与被试者的欣赏能力的高低成正比。

【分析】

音乐能引起控制人情绪和感觉的大脑的自主反应，使得情绪发生改变。当悠扬的旋律传入大脑，人的心律减慢，体温下降，大脑活动增强。在人疲劳时听莫扎特的音乐可使肾上腺素进入血流，导致大脑兴奋，从而减轻疲劳。

【案例2】

当顾客进入超市购物时，总会听到播放的一些背景音乐，这些歌曲或乐曲的风格都很相似，顾客进入超市会不由自主地与音乐融为一体，本能地觉得这是很正常的情况。其实这种音乐是商家采用的一种营销方式，这种音乐会让顾客的神经兴奋，促使顾客购买东西，提高销售额。以前人们很少会想到音乐会有这样的功能，但事实是，音乐的魔力并非人们可以想象。

【分析】

音乐是调节情绪最好的良药。轻松欢快的乐曲可使大脑及整个神经的功能得到改善；节奏明快的乐曲能使人精神焕发、缓解疲劳；旋律优美的乐曲能安定情绪、集中注意力，增强人们的生活情趣，有利于身心健康。显而易见，音乐对精神、情绪有着极大的影响。

认知：

理解：

唱一首歌	你当时的心情	对你的触动

准备：

音乐小游戏：

音乐促进孩子听觉发展

听觉器官是孩子最早发育的器官之一，在母亲受孕后的第4周，胎儿的听觉器官开始发育，第8周的时候耳郭形成，到第25周时胎儿的传音系统基本发育完成，28周胎儿就可以发生听觉反应了。

听觉系统是胎儿与环境保持联系的主要器官。胎儿这个时期最喜欢听的就是人声，尤其是喜欢听妈妈的声音。胎儿也喜欢听妈妈的心跳声，因为跟胎儿在子宫里听到的节奏相似。胎儿甚至也能听到妈妈体外的多种声响。胎儿在妈妈子宫内接收到的外界刺激都会潜移默化储存在大脑中，妈妈如果接触强烈的噪声会对胎儿的听觉发育产生不良后果。所以，这个时期妈妈要多听旋律起伏缓慢、悠扬的古典音乐，如肖邦夜曲、莫扎特胎教音乐等；多给宝宝唱儿歌，和宝宝说话来协助刺激胎儿的听觉，可以促进胎儿听觉的发育。

胎儿出生后能本能地感受自己身体运动的节奏，而音乐的基本要素也是节奏和旋律。音乐对于宝宝来说并不陌生，因为音乐也是听觉的艺术。所以，宝妈要经常给宝宝唱歌，发自内心地给宝宝哼唱，对小宝宝来说是最好听的音乐。不同场合给宝宝放不同的音乐，早上醒来放欢快的音乐，晚上睡觉放舒缓、轻柔的摇篮曲等。

宝妈也要常带宝宝到大自然中去，倾听鸟儿、虫儿等小动物的叫声，及自然界中的风声、雨声、马路上的车辆声……让宝宝感受大自然中的“交响乐”，这些都能激发孩子倾听、探索自然界奥秘的欲望，并且这也是锻炼宝宝听觉敏感性最简便有效的方法。

【案例1】

现代医学实验：研究者对孕妇施以音乐刺激，把孕妇分为两组，施乐组和对比组。施乐组从孕妇怀孕7个月开始让孕妇聆听音乐，对比组孕妇不听音乐。

结果表明：施乐组胎儿比对比组胎儿的胎动的次数更多，胎动时间更长。胎儿出生后，施乐组胎儿更多表现出对音乐的偏好，对比组则没有这样的现象。

【分析】

听觉器官是胎儿最早发育的器官，也是通过妈妈与外界联系的器官。所以听觉就是母亲胎教过程的主体，胎教的内容主要是让孕妇聆听音乐。悦耳的音乐会让妈妈保持良好的心境，这样身体和心理就会处于健康的状态，这对于胎儿的身体和神经系统的发育都非常有益。

【案例2】

小关的宝宝2个月大了，为了训练宝宝的听觉，她在宝宝的左耳边10厘米处摇晃一个黄色的拨浪鼓，孩子的小脑袋就会转向左边，接着又用眼睛寻找发出声音的物品。小关对宝宝说：“宝贝，妈妈告诉你，这是一只小拨浪鼓，一只能发出声音的小拨浪鼓。”等到宝宝的头转回前方，小关又在宝宝的右耳旁摇晃黄色的拨浪鼓，宝宝的小脑瓜和眼睛随着声音又转向右边。

【分析】

宝宝的听觉敏感期从出生就开始了，一直持续到2岁左右，期间宝宝对声响都会有反应，比如敲拨浪鼓宝宝就会找声源。在宝宝听觉敏感期中，宝妈要提供各种各样的音色来帮助孩子发展听觉敏感度，不同的音色可以带给孩子不同的感受。慢慢地，孩子听觉的范围就会变宽，等孩子长大后，就更容易听到他想要听到的声音，对音乐的敏感度也会更高。

认知：

理解：

唱一首歌	你当时的心情	对你的触动

准备：

音乐小游戏：

音乐治疗孩子的病伤

常听音乐可以让孩子消除紧张、减轻压力、避免各类慢性疾病的发生，这些都是有医学根据的。在医学研究中发现，那些经常接触音乐的孩子，音乐的节奏、旋律会对他们的脑波、心跳、肠胃、神经等产生作用，进而影响他们的身心健康。

我国古代就有音乐治疗疾病的记载，元代名医朱震亨就主张用音乐治病，他说："乐者，亦为药也。"

在《说文解字》中对"药"字的解析，也能看出我们的先人已经认识到音乐对人的疗愈价值。

"药"的繁体字是"藥"，《说文解字》说"药"是治病的"草"，从艸（草）乐声。"藥"字上部为"艸（草）"，下部为"樂"（乐）。

音乐的本质是和谐，和谐来自宫商角徵羽五个音的和谐奏出，如同配中草药，因为药的根本也是和谐，只有各种中草药配置的比例恰当才能治病。和谐是快乐的源泉，快乐能驱散心中的阴郁，快乐是治病的良方。所以，在某种意义上，音乐是和谐中的上品，因为音乐能触摸到人类的灵魂。

美国音乐治疗之父塞尔·格斯顿认为："艺术之所以能在人类历史上存续下去，正是因为它能带来心理健康的益处。无论音乐对患病的人有什么治疗价值，它都可以作为正常人对疾病的预防。"

国外大量的研究证实，音乐可以引起各种生理上的反应，如使血压降低、血管容积增加、去甲肾上腺素含量增加等，可明显促进人体的内稳态，减少紧张焦虑，促进放松。音乐对心脏病、高血压、肠胃系统疾病等也有良好的疗效。音乐也有明显的镇痛作用，大脑皮层上的听觉中枢与痛觉中枢的位置相邻，通过音乐的刺激引起大脑听觉中枢的兴奋可以有效地抑制相邻的痛觉中枢，从而明显地降低疼痛。

美国加利福尼亚大学1997年发表的一份医学分析报告指出，如果病人在接受治疗的过程中，多听旋律优美的音乐，就可以适当减轻其心理压力并稳定情绪。

巴巴拉·科拉萨医生做过这样一个实验，他把患者分成两组，一组让他们听音乐，另一组让他们跟平常一样。随后科拉萨医生把患者身体状况的坏消息告诉他们，并马上测试两组人的肾上腺激素的分泌状况。结果显示，那些听音乐的患者体内激素分泌要明显比没有听音乐的患者少。因此在得知坏消息后，听音乐的一组表现得要平静镇定得多。

音乐为什么具有治疗疾病、疗愈身心的作用呢？

物体有规律地振动而产生的有固定音高的音称乐音，而人体也是由许多振动系统构成，如心脏的跳动、肺的周期收缩，呼吸、胃与肠的蠕动，等等。优美的音乐有规律地振动作用于人体，人体的相关部位就会发生共振现象，这种共振现象能使人体分泌出有益的激素和酶等生化物质，使血液和神经得到调节，从而让人保持旺盛、乐观的情绪。音乐的节奏作用于人体的生物节奏后，能刺激到人体，促进人体的新陈代谢，从而达到预防、治疗疾病的效果。音乐就是试图在两个系统的不同频率振荡之间创造共鸣，最终调到在同一频率中振荡，这样身心与音乐的和谐共振就产生了对身体的疗愈作用。

我国古人认为五声音阶中的宫、商、角、徵、羽五个音会对五脏发挥不同的调节作用：

宫音悠扬谐和：助脾健运，旺盛食欲。

商音铿锵肃劲：善制躁怒，使人安宁。

角音条畅平和：善消忧郁，助人入眠。

徵音抑扬咏越：通调血脉，抖擞精神。

羽音柔和透彻：发人遐想，启迪心灵。

可见，音乐不仅能丰富人们的精神生活，而且可以愉悦人的情绪，调节人的神经，达到预防和疗病的效果。

【案例1】

一天，某附属医院综合ICU突然传出一阵清脆的琴声，打破了沉闷寂静的氛围。这场独奏音乐会的演奏者是刚入职的张医师，聆听者是苦苦等待心脏移植的重症病人小宁。

小宁已经为肥厚型心肌病所困多年，由于心脏状况接近崩溃，需要接受心脏移植。在焦急等待心脏供体的过程中，小宁的情绪开始焦躁起来。看到这种情况，ICU黄主任嘱咐刚参加过小宁抢救的住院医师张医师，让她弹一段琵琶放松一下病人心情。那天，张医师弹得十分投入。结束后她鼓励病人："心脏移植一定会成功的，加油！"小宁说，自那之后，她的心态发生了变化，睡得也踏实了，不再噩梦连连。小宁的变化让ICU的黄主任都很惊讶，音乐能带给病人如此大的改变。

【分析】

悠扬的旋律能使人排除杂念、心气平和、呼吸舒缓，让紧张的大脑皮层放松下来，有降压、镇静等作用。聆听音乐也像聆听自己，音乐可以像磁铁一样将情绪恐慌的人内在负面的影像和情感吸引出来。比如，贝多芬的B调弦乐四重奏里的旋律可以激励我们清醒地认识自己，接纳更多的痛苦与悲伤、温柔与喜悦。

音乐也可以帮助患者面对手术、化疗后造成的心理创伤，通过对患者的精神鼓励来提高疗效。

【案例2】

音乐有益于消化系统。英国某医生给他的一位患神经性胃痛的病人开的处方是每日饭后听半个小时的巴赫的音乐，后来，病人果然恢复了健康。

我国中医理论把食物的消化吸收归结为脾胃的功能，而音乐有助于增强脾胃功能。

【分析】

现代医学从神经生理学的角度揭示了音乐与消化系统的关系，愉快的音乐有助于消化液的分泌和食物的流动。音乐的节奏还能改善胃的蠕动收缩功能。音乐对心血管系统、腺体的分泌、消化功能、肌肉的紧张程度等都有很好的作用。

认知：

理解：

唱一首歌	你当时的心情	对你的触动

准备：

音乐小游戏：

音乐促使孩子身心健康

古人云：“七情致病，看花解闷，听曲消愁，有胜于服药者也。”这说明音乐对人体能产生积极的作用，对人的身心健康有益。有研究显示，古典音乐在改善人体身心健康方面具有良好的效果，人类能够将听到的声音与大脑中的情绪中枢形成直接的关联，对大脑产生影响，从而控制情绪。

著名的“莫扎特效应”，其原理是莫扎特音乐中的旋律和人类大脑运行的模式相符。所以，古典音乐不仅对人的心理产生影响，对人的心跳、脑波、脉搏等都会产生影响，能使它们变得缓慢协调，血压也会因此下降。经常听巴洛克风格的音乐，甚至可以对心因性疾病产生调节与缓解的效果。

唱歌对孩子的身心健康有以下好处。

1. 唱歌能调节孩子的情绪

唱歌可以减轻负面情绪，当悲伤、生气、愤怒的时候，如果能唱唱歌，就会使这些低能量的物质排出体外。在唱歌的过程中，情绪也就慢慢地缓和了。

2. 唱歌能锻炼孩子的身体

经常唱歌的孩子的肺活量都较没唱过歌的孩子要大，唱歌可提高孩子的肺活量。通过正确的呼吸训练可使呼吸更深更长，进而使肺活量增加，肺活量越大心肺功能就越强。

3. 唱歌能改善孩子的血液循环

养心最好的方式之一就是唱歌。医学教科书里提到心脏有泵血功能，将含氧的血液泵到动脉血管，将养分输往全身，就起到促进血液循环的作用。

4. 唱歌可以提高孩子的免疫力

中国著名音乐家时乐濛曾说："唱歌是一种有氧的肌肉运动和呼吸运动，与游泳、划船和体操一样，可以有效地增强胸部肌肉，延缓肺功能的下降。歌唱演员一般比普通人长寿，就是因为二者有异曲同工之妙。"

乐器弹奏对改善孩子的肢体协调性也非常有益。

经常弹奏钢琴、电子琴的孩子，会手指灵活、思维敏捷、末梢神经敏感，延缓脑细胞衰老和退化的速度。从中医角度，弹琴时手指正确的触键点是指尖，正是中医的一个学位叫十宜穴，经常敲击这个穴位，能刺激神经末梢，作用于脑神经，起到健脑的作用。

"音乐家与体育家有相通之处，不能分家"（时乐蒙），音乐对身心健康的影响毋庸置疑，且具有不可替代的价值。

【案例1】

无数中外指挥家都健康长寿，这与音乐起的作用是分不开的。美国指挥家斯托科夫斯基95岁，意大利指挥家托斯卡尼尼90岁，德国指挥家克速佩勒88岁，奥地利指挥家伯姆87岁，我国著名指挥家马革顺95岁、陈传熙93岁、黄飞立92岁、韩中杰89岁、严良堃86岁……

【分析】

指挥是一项有效的全身运动，从头到双肩、上肢、胸腔、两肋、腹部、脏器等都能有机会随着旋律的起伏、节奏的快慢、力度的变化进行有规律的活动。这种活动使人的各个部位得到积极的锻炼，从而更有效地促进人体各个方面的功能。

【案例2】

有一位德国音乐家，是肖邦的朋友。一次因为一点小事儿和妻子吵了起来。为了让自己尽快恢复平静，他在钢琴前坐下来，弹起了肖邦的《夜曲》。在那优美动听的乐曲声中，他渐渐忘了和妻子吵架的事。之前还怒气冲冲的妻子，也被那优美的琴声吸引安静了下来。她轻轻地走到丈夫的身旁情不自禁搂住了丈夫。就这样，一曲肖邦《夜曲》让一对吵架的夫妇和好了。

【分析】

许多心理学家做过实验，结果都证明音乐可以影响人的情绪，调节人的神经。这是因为音乐里的一个个音符和语言有相似之处，它用音乐的方式向人们传递了某种感情，这种感情可以调节人的神经，改善人的心理状态，使失去平衡的心理状态重新获得平衡，从而产生愉悦、舒畅的情绪（图4）。

认知：

理解：

唱一首歌	你当时的心情	对你的触动

准备：

音乐小游戏：

本章复盘

◎ 小问题

回答下面的问题，帮助你理解音乐教育在家庭教育中的必要性。

1.音乐教育的目的是什么？

2.音乐与身心健康的关系是什么？

3.音乐与情绪情感的关系是什么？

4.音乐疗愈作用的心理和生理机制是什么？

5.唱歌对孩子身心健康的影响有哪些？

6.乐器演奏对孩子身心健康的益处有哪些？

7.“与音乐同步”的音乐治疗理念是什么？

8.你认为在生活中音乐是必不可少的吗？

如何做更好的父母

◎收起你的懦弱，摆出你的姿态，在对孩子进行音乐教育时，不要打击孩子的积极性。

◎就算周边的人（含家庭成员）都否定孩子学习音乐的能力，你也要相信孩子，不要管别人的看法。

◎脚下的路是与人合作出来的，总是犹豫不决，不如勇敢地踏出一步，要相信，世上本没有做不到的事，只有不敢尝试的人。

◎不管孩子如何尽心尽力，都可能不被欣赏，总有人认为他不够好，不管别人的眼里怎么看，你都不能放弃。

“管理好自己”思考题

【反向思维】

◎学习音乐没有用，孩子不快乐！

◎孩子学习音乐了，还是不快乐！

◎孩子与我，道不同不相为谋！

◎担心孩子学不好音乐，浪费钱还丢人，被别人瞧不起！

【正向思维】

◎孩子学习音乐后，变得爱说爱笑了！

◎孩子学习音乐后，身体素质提高了！

◎孩子学习音乐后，愿意与人交往了！

◎孩子学习音乐后，知道调控自己的情绪了！

与心对话

每日一问：

家庭生活中总有一些磕磕绊绊的冲突点，很多事情都需要积极情绪的培养，你面对这些事是怎么解决的呢？你身边的家庭又是怎么处理的呢？

请将在家里看到的让孩子开心的事记录下来：

陶行知说：一首前进的歌要一位前进的音乐家做个谱，他的谱就恰到好处。一个前进的谱要一位文学家填一首词，他一填就填到天衣无缝。而且唱起来，大家都兴奋。这是因为制谱者、做歌者、唱者、听者，参加同一的大战斗，是必然唱出同一的大和声。

音乐让孩子更幸福

- 音乐培养幸福的孩子
- 没有音乐会降低孩子的幸福感
- 音乐让家庭人人都有幸福感
- 音乐有助提升幸福指数
- 音乐环境创设与家庭成员幸福指数
- 音乐对家庭幸福感的影响
- 音乐助孩子安然度过青春期

音乐培养幸福的孩子

很多父母错误地认为：生活的幸福主要靠金钱，一味地勤劳工作，想尽办法挣更多更多的钱，却忽略了家庭环境的作用，忽略了艺术教育对孩子幸福的影响。有的由此失去了美满的家庭；有的为了虚荣的权力、地位，废寝忘食、夜以继日地拼搏，忽略了自己的身体健康；还有的为此而忽略了朋友间的友谊、伴侣间的爱情与信任。这是家庭幸福吗？孩子生活在这样的家庭会幸福吗？

幸福是一种心理体验，是一种感受良好的情绪反应。积极心理学之父马丁・塞利格曼把幸福划分为三个维度：快乐、投入、意义。每个维度的幸福都是好的，但是将浅层的快乐转化为深远的满足感和持久的幸福感是更有意义的一件事情。

幸福是对生活感到满足，并能在生活中找到乐趣的一种愉快的心境。其实生活中的幸福很简单，不是金钱，也不是权力，而是在一些日常琐事上，比如家人能在一起吃顿饭、陪孩子看看书……每个人身边都有幸福，只是很多父母已经失去了发现幸福的眼睛。

有些父母对音乐有一种误解，认为音乐就是听听、玩玩的一种消遣，如果拿出一定时间去学习就是浪费时间，如果再占用“主科”或者是“奥数”的学习时间那就得不偿失了。

音乐对人身心有着重要的影响。我国的《乐记》早有记载：凡音之起，由人心生也。人心之动，物使之然也。感于物而动，故形于声。作曲家冼星海也曾说：音乐是人生最大的快乐，音乐是生活中的一股清泉，音乐是陶冶性情的熔炉。

音乐心理学中的音乐效应、音乐审美，音乐中的知情意的心理过程对提高孩子的幸福感都有直接的影响，仅聆听音乐本身就能潜移默化给孩子带来幸福的体验。

音乐对集中孩子的注意力，提升孩子的想象力自信心，陶冶孩子性情等也是其他任何艺术形式无法代替的，因为音乐与右脑相关，而右脑是培养孩子感性思维的。有研究表明，如果孩子热爱音乐，他就会投入极大的热情和专注力去听、去想、去看、去感受或是体验音乐愉快、美好、幸福、快乐、悲伤……各种丰富的情绪和情感。如果孩子能生活在充满音乐的环境中，他们通过听到的这些美妙的歌曲、优美的旋律，慢慢地他们就会情绪稳定，心情始终保持愉快，内心渐渐就培养起一种对幸福的感受。

幸福的密码是让孩子从小接受音乐的洗礼，孩子就会有个好性格，父母就会养育出一个身心健康、充满自信、乐观向上的孩子，这样的孩子不管遇到什么境况都能让自己保持平和的心态和稳定的心境。

想让孩子幸福，最重要的是要培养孩子感受幸福的能力。无疑用音乐来充实孩子的每一天是最幸福不过的事情了。

【案例1】

在林林幼儿园每周的音乐小组课上，老师都会在班上让小朋友进行一些小表演。如果孩子们能够出色地完成自己的表演，老师就及时奖励他们可爱的小贴纸，也不失时机表扬和鼓励他们，小朋友们既玩得开心也从中收获了自信。即便有的小朋友在表演中有一些不足，如果通过自己的不断努力，将这些不足克服掉，他们从中也可以锻炼勇于克服困难、坚持不懈的品质。林林的音乐老师经过一个学期音乐小组课的尝试，孩子们个个都玩得开心，还喜欢挑战，都是快乐、勇敢、自信的小宝宝。

【分析】

孩子如果拥有了上述品质，长大以后就有能力去克服遇到的困难，更容易获得幸福。

人的一生并非一帆风顺，培养孩子积极、健康、乐观的心态才能在生活中迎逆而行。父母要了解幸福的密码，才能给予孩子一生的幸福。让孩子从小受到音乐的熏陶，因为音乐能培养孩子很多优秀的品质，引导孩子发现自己的兴趣，做自己喜欢的事；引导孩子关注自己的情绪并学会疏解它们，不受怨、恨、恼、怒、烦等情绪的影响，这样才能让孩子的身心保持健康、愉快。

【案例2】

晓虹美丽而安静，说话也是慢声细语的，她的话总能说到别人的心里去。

晓虹的经历虽不足以让人夸耀，却也无可挑剔。晓虹嫁给了她的所爱，一个普通的男生，日子过得波澜不惊。每天都会午睡，做健美操，生活得很有规律。到周末全家人一起出去旅行。晓虹对孩子的学习也没有过高的要求。对于同事，她从不嫉妒他们取得的荣誉，也从不鄙视那些工作失误的同事。

晓虹冷眼看待小人，从不因他们而烦恼，正因为这样，晓虹认为那些没有好心态的人不会有好结果。

晓虹聪明伶俐，她的好朋友都坚信她有能力使她的人生更加精彩，然而晓虹却总是顺其自然地生活。相反，她周围的很多人总是使尽了浑身解数想要过上像样的生活，却还不能如愿。

一次晓虹和她的好朋友聊天，说她父亲的一句话对她影响很深。那时晓虹还在上初中，体质不好，无法参加体育活动。但在学习方面晓虹却是出类拔萃的，偶尔一门功课没得第一都会令她自责，父亲却告诉晓虹："孩子，不必事事追求优秀，累了唱唱歌，听听好听的音乐放松放松心情，有一个好心态比什么都重要。"

晓虹听从了父亲的话，开始找一些自己喜欢的音乐或歌曲。情绪低落的时候，就听像《我的未来不是梦》这样有力量的歌曲，觉得有些累了就听旋律缓慢的古典音乐，优美的旋律让晓虹的性格变得越来越恬静。听音乐并没影响她的学习，每门功课依旧都是优秀，体质也恢复到了最佳的状态。考大学时，晓虹给自己定位于一所普通大学，由于没有了压力，晓虹发挥出自己最好的状态，结果以优异的成绩考入一所重点大学。

幸福的生活状态是人们在事业、感情、心境、体魄等各个方面都达到良好的状态，如果人们处于这样的状态，谁还能说人生不幸福呢？

【分析】

晓虹爸爸的一席话点醒了晓虹，活得好不好在心态，而不是各种攀比。幸福与物质无关，享乐主义和拜金主义更不是追求幸福的砝码，或许恰恰相反。让人内心得到充实的最好方式是音乐，因为音乐直指心灵，可能一首歌就能改变人的一生，如《欢乐颂》的旋律会永远给你克服困难、挑战自己的热情。

生活中常有磨难、烦恼甚至是不幸，让孩子与音乐为伴，只要有乐观的心态，不攀比，不卑不亢，不炫耀，做个用心生活的人，幸福就会时常围绕在我们身边。

认知：

理解：

唱一首歌	你当时的心情	对你的触动

准备：

音乐小游戏：

没有音乐会降低孩子的幸福感

在家庭中孩子感觉不到幸福的原因有很多，常见的有：

1. 孩子不善于发现自己的阳光面

生活中充满着积极、美好的方面，可孩子却忽略了阳光面，只看到自己的不幸；忽略了自己的幸福，放大了别人的幸福，缩小了自己的快乐。

一些媒体为了吸引大众的眼球，对生活中的负面事件大肆宣传报道。这虽然在一定程度上满足了一些人的好奇心，但却削弱了人们的积极心态，也会对孩子造成负面的心理影响。

2. 孩子缺乏幸福观念

在经过20多年冲刺般的财富赛跑后，有些人除了赚钱，不知道人生中的目标与追求到底是什么，甚至不知道自己究竟想要什么。这种缺乏信念与理想的状态，难以产生长久、快乐的幸福感，也影响了孩子对幸福的理解。

3. 孩子的攀比心理

现代人把主要精力都投入竞争中，比职位、比房子、比财富……比来比去，人们的心里只剩下欲望，没有了幸福。

人们一旦追求的不是如何获得幸福，而是攀比幸福时，幸福也就离你远去了。孩子生活在这样的社会环境中，内心也就充满了攀比之心。

4. 孩子缺少爱心，不懂奉献

美国哈佛大学一项研究曾显示，在生活中多去帮助他人，能给自己带来更多的快乐。但现代社会中，乐于奉献的人越来越少，斤斤计较的人越来越多。如果我们总算计着“我能从中得到什么”“做这件事值不值得”，就会生活得很辛苦。父母的行为是孩子的楷模，父母不懂爱心和奉献，也就很难把孩子培养成有爱心、懂奉献的人了。

5. 孩子不懂得知足

俗话说“知足者常乐”，但能知足的人越来越少了。有了房子想换更大的，有了学习与工作的环境想换更好的，有了钱想赚得更多……这些欲望，致使孩子必须无休止地奔波劳碌，硬撑着去努力登上那“辉煌”的顶峰。

6. 孩子缺乏信任

社会的高速发展，虽然让通信变得更快捷和灵活，但人们的心灵却渐渐疏远了，人与人之间的信任和交流也随之降低和减少。现在的人越来越倾向于“左脑”思维模式，而左脑给予人们的是权力、地位的感受，所以很多人的幸福感一直为“0”。这导致生活在其中的孩子也严重缺乏与他人之间的信任感。

7. 孩子情绪过于焦虑

购房、子女养育、赡养老人、职场晋升、学习与工作压力、人际关系的处理等都成了当今孩子的“压力源”。在大城市中，无论老人、年轻人还是孩子，多处于一种烦躁不安的焦虑状态，这让人们无法从心底感受到幸福。

以上可以看出孩子感受不到幸福的原因主要是内心的一种失衡状态，消极情绪占主导。当消极情绪占优势的时候一般都是过于外求所致，比如过于追求金钱、过于攀比等，内心就像有个“洞”总也填不满，随即焦虑、怨恨、愤怒、抑郁……负面情绪就会接踵而至，自然也就感受不到幸福了。

幸福是感受，是内心的一种体验，只有内心丰盛、平静、愉悦，才能体会到这种感受。幸福的感受来自右脑，右脑是培养人感性思维的区域，很多优秀的品质如自信、友爱、奉献、专注、想象力、创造力等多半来自右脑，右脑潜藏着人类无限的可能。

右脑对音乐反应灵敏，音乐具有主动的、积极的功能。当听到的音乐产生的振动与体内器官产生和谐共振时，比如能引起振奋人心、节奏鲜明的音乐，或者是令人放松、心态镇静、节奏舒缓悠扬的音乐，都会让人们产生愉悦感和幸福感。

有学者对音乐专业和非音乐专业的大学生做了主观幸福感比较的研究，结果显示，在主观幸福感、生活满意度上的得分，音乐专业的大学生明显要高于非音乐专业的大学生。

所以，父母一定要明白，孩子的生活里如果没有音乐的浸染，孩子的生命将失去色彩，还何谈幸福感呢。

【案例1】

作为父母都有这样的疑惑，为什么将自己所能给予的都给了孩子，孩子却不领情？为什么大人觉得孩子应该幸福，孩子却感觉不到？

一位70后父亲说，他的孩子不爱坐家里的车，只要坐公交车。他觉得很诧异，坐自家车应该比坐公交车舒服，可是孩子却偏偏不要。每次他从家里开车送孩子上学，孩子都会嚷着要坐公交车，结果他只得把车开到公交站点，再带着孩子去坐公交车。孩子心里到底想些什么呢？

【分析】

爸爸生活在物质匮乏的20世纪70年代，爸爸的幸福观是衣食无忧。孩子出生在经济高度发展的20世纪90年代，孩子的内在需求是自由自在、随心所欲、不受控制，孩子更需要心灵上的满足。爸爸用他的幸福观衡量孩子的幸福观，孩子当然不领情了。

经济越发达，人越需要精神上的需求。所以，现代的父母要从心灵的层面理解孩子，给予孩子心灵的滋养，用艺术或者音乐的方式来丰富孩子的精神生活是最便捷并且恰当的方式了。一个身体健康、内心丰富的孩子一定是一个会感受幸福的孩子。

【案例2】

父亲说："现在你要什么有什么，怎么就不幸福了呢？"

儿子说："你给我买东西就可以骂我了吗？"

父亲是一个60后商人。他说："我觉得我对儿子已经很关心了，给他想要的一切，买最好的山地车，最高配置的电脑，他还有什么不满足，比起城市里很多同龄的孩子，他已经很幸福了，更别说农村里的孩子了。他还经常跟我们发脾气，动不动就要离家出走，说这个家再也待不下去了，一点也不温暖。我就奇怪了，怎么就不温暖了，他要什么有什么，想吃什么就给他买什么，别人有的，他一样也不会落下，他怎么就不幸福了呢？"

有一次儿子跟父亲说，他在这个家里一点也不幸福，父亲当时就火了："不幸福，不幸福你去找你觉得幸福的地方去，我以前读书时候的那个苦你都没吃过，真不知道幸福的滋味是什么！"

【分析】

幸福是一种感受良好时的情绪反应，一种能持久地表现出愉悦与幸福心理状态的主观体验。

父亲和儿子是两个时代的人，对幸福的感受已完全不同。爸爸的幸福观就是不断地赚钱，给儿子最好的，但通过孩子的反馈可以看出，这种通过物质来满足孩子内心需求获得的幸福是短暂的，甚至孩子会慢慢失去对幸福的感受，导致内心越来越“空虚”。儿子这个年代对幸福的体验更多是来自内心的精神的满足，他内心极度地想要自由，想要快乐，想要自信，想要获得认可等，而这些品质恰恰是金钱、物质所不能给予的，甚至会起到负面的作用。

音乐调节孩子的身心，激发孩子的潜能，培养孩子自信、乐观、积极、主动、坚持等优秀的品质，在培养孩子的情商等方面也已经得到心理科学的证实。

哪怕是听听音乐对孩子右脑开发都非常有利，所以，父母一定要重视音乐对孩子内在品质培养的价值。

对音乐没有感受的孩子，一定对美也没有感受，也就很难体验和感受日常生活中随处可见的“小幸福”。

认知：

理解：

唱一首歌	你当时的心情	对你的触动

准备：

音乐小游戏：

音乐让家庭人人都有幸福感

幸福感是人们心里欲望得到满足时的状态，即一种持续时间较长，对生活感到满足，能感受到生活中的乐趣并自然而然地希望持续久远的愉快心情。

幸福感也是一种心理体验，它既是对生活的客观条件和所处状态的一种事实判断，又是对于生活的主观意义和满足程度的一种价值判断。它是在生活满意度基础上产生的一种积极的心理体验。

有这样一个四口之家，父母都有自己的事业，并事业有成。但父母共同的爱好是音乐，爸爸喜欢拉小提琴，妈妈喜欢唱歌，从小培养两个孩子也热爱音乐。男孩儿既会弹钢琴，又会拉小提琴，歌也唱得特别好。女儿拉一手漂亮的小提琴，还有深厚的美声功底。一家四口每到周末就会办家庭音乐派对，时不时一家四口还会来个合音，各个都八仙过海各显其能。这个习惯，从孩子小的时候到孩子长大成人，一直都没有改变，不管多忙多累，周末一家人都要坐在一起“消遣”一下，一同享受家庭团聚的温馨时光。

用音乐传递家人之间的关心、关爱，用音乐的方式传达对家人发自内心的爱，音乐把家人紧密地联系在一起。不管在生活、工作中遇到什么困难，这种家庭幸福的感受都能让他们乐观面对，音乐成了维系他们家庭幸福的纽带。

【案例1】

音乐是李林人生中最幸福的陪伴。就是在那一次，音乐让他们全家充满了幸福。

有一天，因为某件事李林和妈妈大吵了一架，还没有完全从激动、愤怒的情绪走出来的李林索性把耳机带上听起了歌曲，不管妈妈还生不生气。当他听到“听妈妈的话，别让她受伤”时，让他想起了小时候的一幕幕：小时候，妈妈教我写字；我生病了，妈妈背着我去医院；下雨了，妈妈把雨衣给我穿上，她淋得跟“落汤鸡”似的……

李林眼泪情不自禁流下来：“妈妈对我这样，我却跟她吵架。”李林心里特别不是滋味和难过，跑出房间，走到妈妈的面前，看着妈妈说了一句：“妈妈，我爱你。”

爸爸看到此情此景特别感动，就把这首歌曲放出声来，全家人幸福地沉浸在这首歌里。音乐消除了李林母子之间的误解，增进了母子之间的感情，是音乐让李林一家感受到幸福的滋味。

【分析】

幸福感作为人类的一种情感，是基于满足感和安全感所产生的情绪。幸福感高的人往往情商高，更有自信，会对艺术情有独钟，或许倾听一首肖邦夜曲就能给他们带来莫大的满足。

案例中的李林就是通过听一首歌曲，改变了他对妈妈的态度。

其实生活中的幸福很简单，不是金钱，不是权力，而是一些琐事儿，家人能在一起吃饭的幸福，一家人互敬互爱的幸福，小小的满足带来的幸福……对音乐敏感的孩子通常对幸福的感受也是很敏感的。

【案例2】

玉华和同事一起出差，住在一个房间。两人聊天的时候，玉华接到了一个电话，就是这个电话让她的同事意识到夫妻间好好说话的重要性。电话响起，玉华接起电话，传来的是好听的男人的声音。

男人："喂，到酒店了吗？"

玉华："已经入住了。"

男人："哦，那吃过晚餐了吗？"

玉华："刚吃过，正在房间休息呢。"

男人："那麻烦你回来的时候帮我买条领带，下周公司周年活动要用，你的眼光一向要比我好。”

玉华：“好的，我知道了。”

男人：“那辛苦你啦，没什么事我先挂了。”

听完他们的对话，同事忍不住问：“是谁呀，是你男朋友吗？”玉华说：“才不是什么男朋友，是我老公，我们已经结婚十年了。”同事非常惊讶：“没想到你已经结婚十年了？我以为，一般老夫老妻之间的对话是‘在哪，帮我买×××，等着用！’没想到你的老公这么有礼貌。”

玉华解释说：“我老公就是一个温文尔雅的人，可能和他从小学过很多年的音乐有关系吧，总是很文艺范儿，说话也很谦和，无论是对我还是对别人都是这样。生活中常会说‘谢谢’‘麻烦你了’‘辛苦啦’之类的话。”

玉华接着又说道：“其实一开始也会不习惯，久了才发现这样说话真的很好。首先我自己的性格发生了变化，脾气好了不少，而且和老公基本不会吵架，有问题都能够心平气和地解决。我儿子的性格也特别好，活泼、外向，还懂得照顾人。”

【分析】

幸福感体现在生活的方方面面。玉华老公从小接触音乐的经历培养了他良好的情商，这让他们夫妻之间能和谐相处，一家其乐融融，孩子就能从这样的家庭里汲取源源不断的温情、亲情，一个人的幸福感自然而然就培养起来了。幸福感并非抽象的、不可捉摸的，而是实实在在、时时刻刻都在发生的，只需要用心去感受。

认知：

理解：

唱一首歌	你当时的心情	对你的触动

准备：

音乐小游戏：

音乐有助提升幸福指数

人们普遍认为：家庭幸福指数是挂在家庭成员的脸上，无须培养。这种观点存在着两种极端的心理：一则忽视；二则期望太切，对于孩子幸福生活观的形成都是有害的。“忽视”则任其像茅草一样自生自灭；“期望太切”不免会拔苗助长，促其夭折。所以说，正确面对家庭成员的幸福指数是解除痛苦、增进幸福的有效方法。

作为父母应如何培养孩子的幸福生活观呢？

第一，不要过分关心和亲近孩子，这样的孩子没有抵抗力；第二，不要打断孩子的话，不要打碎孩子的梦；第三，不要让孩子觉得你不爱他，维护孩子的自尊；第四，不要勉强和打骂孩子，那样于事无补；第五，不要恐吓和欺骗孩子，那样没有好处；第六，不要在外人面前当众批评孩子，谁都需要面子；第七，不要瞧不起孩子，其实他不笨；第八，面对孩子不要总说：“你真棒。”夸奖孩子时，语言要适当；第九，要让孩子从小接触艺术尤其是音乐，甚至是在胎儿的时候。音乐能够帮助胎儿训练整体的感知觉能力，促进孩子右脑发育，出生后孩子会情绪稳定，对音乐产生兴趣，孩子的创造力、直觉力、想象力都会很好。

父母要经常对孩子进行家庭幸福指数测试。

1. 幸福指数测试的主要内容

幸福指数测试的主要内容包括：已获得的快乐感、快乐性格、快乐态度与价值观、快乐的生活方式。测量孩子的幸福指数，了解孩子是否具有成功的因素：

◇你是个慷慨的人吗？ 是 否

◇你是个幽默的人吗？ 是 否

◇你是个懂得感恩的人？ 是 否

◇你总是充满活力吗？ 是 否

◇你总是会向前看，迎接新的每一天？ 是 否

◇你是否觉得生命很有意义？ 是 否

◇你遇到每件事都会往正面思考吗？ 是 否

◇你对现在的生活状况满不满意？ 是 否

◇你是不是经常大笑？ 是 否

◇你是否觉得自己看起来吸引人？ 是 否

此表采用纸笔测验。量表共有两套，每套包括两个相配的量表，每套量表有10道测题。被试对测题做出二择一的选择，分数越高，表示越愉快。该量表的复查信度平均为0.92，三周后的再测信度为0.86；其效度是计算与情感量表的相关，系数为0.72。

2. 幸福指数测试是目前体验幸福感的工具

美国心理学者A.坎贝尔1976年编制，幸福指数分总体情感指数和生活满意度两部分。

情感指数由与被试生活质量有关的8个项目组成，从不同角度描述情感的内涵。

生活满意度指数仅有一项。适用于18岁以上成年人，可采用纸笔测验形式，无答题时间限制。

3. 幸福指数测试的核算过程与评定

（1）被试对每道题做出7点评定，计算时将满意度加权重1.1，然后再与整体情感量表的平均分相加。

（2）总分范围在2.1（最不幸福）与14.7（最幸福）之间，分数越高，表明幸福感愈强。

（3）该量表与事实的一致性是计算总体情感指数与生活满意度的相关，其信度系数为0.55，再测信度为0.56。

（4）该量表的效度是计算总体情感指数与另一种幸福感的量表相关，系数是0.52。

【案例1】

中国音乐学院曾妮做过一项关于《团体音乐治疗干预对福利院老年人主观幸福感的影响》的研究，针对无任何音乐基础的平均年龄在78.6岁的福利院的15位老年人，进行为期四个月的团体音乐治疗干预，结果显示：参加团体音乐治疗干预的老年人的主观幸福感明显高于未接受团体音乐治疗干预的老年人。

【分析】

音乐是直接和心灵相通的。人对音乐的感知与欣赏是通过一系列心理活动来完成的，这些情感体验影响着人的情绪，进而对身体产生影响。轻松欢快的音乐使大脑及整个神经功能得到改善；节奏明快的音乐能使精神焕发，消除疲劳；旋律优美的音乐能安定情绪，集中注意力，增强人们的生活情趣，有利于身心健康，所以，音乐有助于提升人的幸福指数。

【案例2】

弗格森和谢尔顿在2013年的研究中让一组被试听阿隆·科普兰创作的经典曲目。结果发现，比起那些被动地接受这些音乐的人，那些积极主动地去感受音乐中所蕴含的快乐的人，他们的心情会变得更好，更能感受到幸福。

【分析】

幸福是指对生活有更高的满意度，更多积极的情绪。积极情绪是主观幸福感重要的组成部分。音乐就具有给人带来积极、主动的情绪的功能。当音乐进入我们的耳朵，用心去感受音乐比起被动地接受，更让人快乐，带来更多美好、积极、幸福的心理体验。

认知：

理解：

唱一首歌	你当时的心情	对你的触动

准备：

音乐小游戏：

音乐环境创设与家庭成员幸福指数

家庭幸福指数可以监控家庭生活运行态势；家庭幸福指数可以了解家庭成员对家庭、孩子对父母的满意度；家庭幸福指数是家庭运行状况和家庭生活状态的“晴雨表”，也是家庭和家庭成员的“风向标”。音乐则能够为家庭提供夫妻、亲子之间的精神沟通环境，也能够帮助家庭成员之间的关系更加融洽。

对于人的主观幸福感的测量在20世纪60年代末期到80年代中期，就已成为心理学的一个热点研究领域。心理学家对于主观幸福感的探讨更多来自生活质量、身心健康和老年赡养三个领域。同时他们也证实了音乐能够促使人体分泌多巴胺、去甲肾上腺素等产生愉悦和幸福感的激素，给人带来愉悦、快乐和幸福的心理体验。

由于社会学家和经济学家加入幸福感研究的行列，幸福感的丰富内涵和表现形式得到了更多的揭示。应该说，作为社会心理体系一部分的幸福感，受到许多复杂因素的影响，主要包括：家庭经济因素如子女就业状况、收入水平等；社会因素如教育程度、婚姻质量等；人口因素如性别、年龄等；文化因素如价值观念、传统习惯等；心理因素如性格、自尊程度、生活态度、个性特征、成就动机等；政治因素如权利、参与机会等。此外，对主观幸福感的理解还涉及许多分析层面，主要包括认知与情感、个体与群体、横向与纵向、时点与时段等。

家庭音乐环境创设有助于提升家庭成员幸福指数。儿童教育家陈鹤琴指出：音乐可以陶冶人的性格和情感，可以鼓舞人的进取精神，应该为孩子创设良好的音乐环境，培养孩子对音乐的兴趣，发展孩子的音乐才能。

家庭教育对于孩子来说是最早期的教育，其时间最长，对孩子的影响也最深刻。柏拉图在《理想国》中提道：音乐于家庭教育的功能在于“韵律”及“和谐”是触及儿童灵魂的道路。音乐“使他们的行为优美，使受到正确教养的人具有高尚的灵魂”。用音乐潜移默化的力量，达到培养包含美在内的“善”的灵魂，实现“善的理念”这一基本目标。

家庭音乐环境创设对于家庭音乐教育起着重要的作用。孩子如果生活在一个热爱音乐的家庭里，耳边时常有悦耳的音乐声回响，孩子的听觉感受力、想象力、创造力等都能得到锻炼和发展，对提高孩子的音乐素养，促进孩子素质全面提高都有重要的意义。不仅会让孩子身心健康，孩子也会在体验音乐的快乐和幸福感中感受生活。所以，父母要注意平时就要把音乐融入生活中，融入孩子的心灵世界中。

1. 营造家庭音乐氛围

在家中专门给孩子腾出一个空间，从四周的墙壁到音乐玩具的布置，父母都要用心设计。四周的墙壁挂和音乐有关的有趣、生动、色彩鲜艳的卡通图片。给孩子购置比如像奥尔夫打击乐器、儿童手风琴、会唱歌的小动物等的音乐玩具，引导孩子来玩，让孩子感知音色、不同的声响、音的高低等。播放跟小动物有关的音乐，让孩子通过聆听感受音乐的欢快、活泼、缓慢、抒情等。

早上起床，给孩子放轻快、优美的音乐来唤醒孩子，并陪伴孩子穿衣、梳洗直至进完早餐，唤起孩子愉快的心情，高高兴兴度过幸福的一天；午饭后的休息时段，可以播放一些安静、平缓的音乐，让孩子在忙碌了一上午后心情放松地休息；晚上上床后给孩子放轻柔、缓慢、安静、优美的《摇篮曲》、古典音乐，或者边放音乐边给孩子讲故事，让孩子一天紧张的神经和身体放松下来，孩子就能美美地睡一晚上。

当然，白天孩子在玩游戏的时候，也可以适当放些轻松、舒缓、旋律优美的古典音乐，让音乐陪伴着孩子玩耍。

2. 定期举办家庭音乐 Party

父母每天应抽出一点时间与孩子共同欣赏音乐，选一些反映孩子思想感情和生活情趣的音乐。也可以多和孩子一起唱歌，比如在闲暇时间经常轻声地哼着儿歌、童谣等。

全家人每周和孩子一定要有一次共同“玩音乐”的时间，比如办家庭音乐会、周末音乐会；邀请喜欢音乐的小朋友来参加，轮流表演节目；一家人做些音乐小游戏等，让孩子察觉到大人对音乐的兴趣。这种潜移默化的影响对孩子也是相当有效的，同时也增进了孩子和父母间的交流，亲子关系更融洽。

3. 创造参加音乐活动的机会

父母适当带孩子听听音乐会，比如童声合唱音乐会、轻音乐会……也可以鼓励孩子参与音乐活动，比如幼儿园举办的“六一儿童节”各种类型的音乐活动。孩子在参与的过程中锻炼了良好的心理素质和勇气，培养了孩子淡定、从容、自信的心态。

孩子一旦有音乐相伴，就会获得极大的精神满足和心灵满足，孩子会从心灵深处去感受美、发现美、创造美。所以创造良好的家庭音乐环境，会培养孩子对音乐浓厚的兴趣，为孩子终身喜爱音乐做好铺垫。

家庭音乐教育对孩子一生的发展，对家庭成员的幸福感都起着积极的影响。

【案例1】

小时候的傅聪最感兴趣的事情就是听父亲和他的朋友们交谈，他们家总是高朋满座，“谈笑有鸿儒”。与他父亲过往甚密的大都是大学教授、艺术家。他们在一起谈艺术，谈人生，使傅聪这个从小的“旁听生”受益匪浅。“旁听使得傅聪窥见艺术殿堂的瑰丽色彩，也使他早涉入世。”

【分析】

著名钢琴家傅聪先生的幸福来自他有一个“谈笑有鸿儒”的家庭，让他从小对艺术产生浓厚的兴趣。这也让我们了解了傅聪先生为什么能在音乐史上取得如此的成就。他对音乐持续的热爱，跟他整个的成长环境，包括家庭环境、教育环境都是分不开的。

【案例2】

著名小提琴家梅纽因在晚年最后招收的几个从未接触过音乐训练，对小提琴也从未接触过的孩子。这些孩子来自不同的普通家庭，他们大多是工人家庭，他们的父母对音乐也几乎没有什么了解，对孩子学习音乐的目的也不清楚。

这些孩子通过几年的音乐学校的学习，他们的音乐素质和演奏技术突飞猛进。为了培养、激发和挖掘这几个孩子对音乐的兴趣和潜能，梅纽因和音乐学校的教师们对孩子们学习音乐的环境做了有序的精心的创设，最终激发和培养了孩子们对音乐的兴趣和信心，让这几个孩子在以后的人生中走得更加扎实和自信。

【分析】

这个案例告诉我们，音乐环境创设对于孩子音乐素养的培养是非常重要的。不管孩子是什么家庭背景，影响孩子对音乐的兴趣与孩子兴趣的发展最终还是跟周围的音乐教育环境有极大的关系。像非洲和拉丁美洲的孩子对节奏的领悟和模仿能力明显超过世界其他地区的孩子，这与他们从小生活在传统的、富有特色节奏性的舞蹈环境中有关。

所以，孩子如果能生活在音乐氛围浓厚的环境中就会培养出对音乐的兴趣，很多优秀的内在品质也会逐渐建立起来，孩子对美、对爱、对幸福的感受力也会越来越敏感。

认知：

理解：

唱一首歌	你当时的心情	对你的触动

准备：

音乐小游戏：

音乐对家庭幸福感的影响

就家庭而言，家庭幸福感会受到家庭成员之间幸福参照系数的影响。比如，在一个封闭家庭中，由于缺乏与其他家庭成员之间的比照，尽管物质水平不高，但由于心理守常和习惯定势的作用，其成员便可能知足常乐，表现出很高的幸福感；一个处于物质起步的家庭，往往会面对富裕家庭的冲击，开始出现外在参照物，因此，其家庭成员的幸福感（包括丈夫、妻子、孩子）便可能呈现下降之势，因为，此时他们原有的自尊就会受到影响。比如，孩子穿衣、女孩子使用的化妆品、男孩子的玩具、手表、手机、计算机等都会和同学、邻居、朋友相攀比，当自己不如别人时，家庭幸福感的指数就会下降，如果父母不及时发现就有可能会出现偷窃、外逃或其他弥补心理障碍的行为。家庭幸福感也好比是如人饮水，冷暖自知，它可以是一顿热气腾腾的饭菜，也可以是一句简单的关心和鼓励。

孩子的幸福感取决于孩子的成就需要，因为成就需要决定着成就动机的程度，成就动机程度的高低又决定其预期要实现的目标。其中孩子对于自身成就的意识水平是一个重要环节，因为如果孩子意识到自身成就水平高于自己的预期目标，那么，便会产生强烈的幸福感；反之，如果孩子意识不到自身水平低于自己的预期目标，那么就不会有幸福感。此时就容易产生情绪低迷、不求进取，甚至会暴躁发泄或产生其他心理疾病。

孩子的幸福感有时与经济状况或收入水平之间并未呈现出简单的正向关系。在现实生活中，一些经济状况不好的家庭，孩子幸福感却不低，而有些百万富翁家庭的孩子却整日忧心忡忡。

安全感指的是孩子对于自我认同的连续性，对于家庭生活环境表现出的信心。这种源自于对人和物的可靠感，对于形成孩子的生活信心是极其重要的。外在的信任感，既是幸福安全感的基础，也是抵御焦虑并产生主观幸福感的基础。

幸福感是人基于自身的满足感与安全感的基础上，主观产生的一系列欣喜、愉悦的情绪。它是一种积极的心理体验，有着健康的心理、良好的心态、开阔的心胸。幸福感高的人通常都是有着很好情商的人，他们懂得体贴、关心、关爱、信任、鼓励家人，来自家庭的幸福感其实就是具有这样品质的家人之间的温暖相待，它是无法言传的，只有用心并身处其中才能切实感受到。所以，要想提高家庭的幸福感，首要的是提高家庭成员的情商指数，而情商更多是通过后天来培养的。情商决定一个人做事的态度，做事不仅需要智商更需要情商的协助。高曼说：在人成功的要素中，智力因素（即智商）是重要的，但更重要的是情感因素（即情商）。而音乐作为一种陶冶情操的艺术是提高情商的最有效的手段。

1. 让孩子在音乐中培养审美

音乐教育的主要作用就是培养孩子的审美能力，通过让孩子倾听、学习音乐来培养孩子美好的情感，以及敏锐的感知力、丰富的想象力、直觉的理解力等。让孩子在优秀的音乐作品中感受生命，体会音乐中错综复杂的情感，比如热烈、愤怒、喜悦、激动等。

2. 让孩子在音乐中感受情感

音乐对于激发孩子的兴趣、爱好，在孩子性格、气质、理想、道德等方面的健全发展都起着至关重要的作用。

音乐是情感的抒发和表达。通过优美的旋律，鲜明的音乐形象寓情于乐、以情动人来达到感染孩子的目的。音乐用有组织的声音来创造形象，表达人们的思想感情，通过感染、诱导、启迪、净化等方式来协助孩子完善人格，让孩子的心态和性格变得更加平和、多彩。

3. 让孩子在音乐中和谐发展

孔子音乐教育的主张：移风易俗，莫善于乐。它告诉我们音乐对人的精神、个性强烈的感化作用。所以，在经济高度发展的今天，对于孩子个性健康和谐发展就显得特别重要。父母可以通过音乐活动来启发孩子的兴趣，熏陶孩子的气质，完善孩子的性格，进而促进孩子个性的和谐发展。

4. 让孩子在音乐中体验幸福

家长要懂得用音乐来帮助孩子获得快乐、体验幸福。美国经典影片《音乐之声》里的家庭教师玛利亚修女就是通过组织家庭合唱团让特拉普上校一家最终走出阴霾，让孩子们通过歌声重新感受到生活的美好，重获幸福的生活。

父母让孩子每天都听听优美的音乐，孩子的心灵就会被滋养，性情也会变得温柔、细腻，促进孩子内心积极、乐观心态的养成。

音乐教育在培养孩子健康的情商方面是其他学科很难替代的，家庭成员情商的高低也直接决定了家庭的幸福感。

【案例1】

一位手风琴演奏家和一位新闻记者一起生活，一起玩音乐，一起养育两个孩子。这对夫妇为了让孩子们体验音乐的美妙，决定办一场别开生面的演出，主角就是他们的孩子。孩子们一个拿响鼓，一个用手打节拍，开始他们生动的表演。这对夫妇认为，孩子们学会什么不重要，重要的是他们会感觉到开心和愉悦。音乐是可以改变人一生的，也许孩子们就是因为这样一点点的触动就改变了他们的人生。

【分析】

音乐是一种很好的亲子沟通方式，故事情节的吸引、乐器音效的呈现，让孩子获得更多的参与感，让整个家庭都开心和幸福起来。

当然，不管是音乐，还是其他事情，父母都应该尊重孩子的喜好，让他们充分展现自我，这才是音乐给家庭幸福带来的价值和意义。

【案例2】

马童在女儿10岁时离婚了，离婚时和前夫协商：为了女儿的身心健康，隐瞒真相，在孩子面前要维持一个完美家庭的表象。过了一段时间，女儿哭着跑回家，对她说："我同学看到爸爸和一位阿姨在一起。"

马童为此质问前夫，经过一番争吵，他们再次协议：离婚这件事要对女儿隐瞒到底，自己有新的感情也要瞒着孩子。本以为保持家庭完整，孩子就不会受到伤害。但女儿对一切早已知晓，只是从不说破。在青春期时，马童就发现女儿有严重的心理障碍，对所有的男性都非常排斥。

【分析】

从这个案例能看出，马童女儿生活在没有幸福感的家庭，是一个典型的没有幸福感的孩子。

这位妈妈对前夫的爱还没有了断，表面上说是为了孩子好，实际上是因为自身还没能从这段感情中走出来，所以拿孩子说事，维持表面的婚姻。越是维持表面的假象，越会造成痛苦的延续及扩大，父母这种纠结的关系，孩子势必会受到影响。孩子也就很难感受到来自家庭的幸福，导致对孩子的心理产生影响，让孩子有了严重的心理障碍。

迈阿密大学助理教授列苏克·特里萨研究发现，聆听与当前心境相符合，并且是自己喜爱的音乐，可以更有效地提高积极情感，包括提高创造性解决问题及系统、全局性思考的认知能力。我国古人就有“乐者，乐也”，“乐者，亦为药也”，音乐是最好的良药，音乐能够使人快乐，这不仅仅是生理上的满足，更是精神上的愉悦和平衡。所以，如果孩子的内心已经体验不到幸福感，父母适当引导孩子用聆听音乐的方式来放松、疏解情绪也是不错的选择。

认知：

理解：

唱一首歌	你当时的心情	对你的触动

准备：

音乐小游戏：

音乐助孩子安然度过青春期

如何让孩子们安然度过青春期？如何帮助孩子们提高学习效率？孩子们到底该不该追星？孩子们追星背后的心理需求是什么？孩子染上网瘾、不愿意上学该怎么办？叛逆、早恋的孩子学习成绩不佳的原因是什么？等等，面对这些问题，作为父母该如何引导孩子呢？

青春期也叫“叛逆期”，孩子到了11～17岁，难免进入这样一个“叛逆阶段”。每位父母都会有同样的困惑，尤其是孩子进入初中阶段，同以往判若两人：男孩子从小时候的活泼好动变得不爱说话，不愿意听取大人的管教、自以为是，疯狂迷恋某些明星，沉迷于游戏、网络、厌学、开始早恋，不仅学习成绩受到影响，严重的还会离家出走，情绪多变或者多愁善感。

激素分泌量的快速增加决定了青春期的生理迅速变化。主要体现在身体的加速成长和性成熟两方面，这两个方面互相联系，并同时受激素分泌变化的调节。

1. 身体成长加速

青春期的少男少女们以每年长高6～8厘米甚至10～12厘米的速度大幅超越儿童期每年长高3～5厘米的速度，并且体重的增长主要源于身体肌肉、骨骼的增长和内脏器官的增大。

2. 生理机能发育加速

以男性肌肉强健、女性身体丰满为特征，从儿童向成人转变，脑与神经系统也在逐步发育成熟。

3. 性的发育和成熟加速

女性乳房隆起、骨盆变宽和男性长出胡须、变声、体毛明显等第二性征出现，让少男少女不论是体征还是器官都迅速进入快速发育和成熟阶段。

4. 青春期生理发展的性别差异

一般情况下，女性比男性要提早两年左右发育。这导致当大部分初中女生都长得亭亭玉立的时候，一部分男生看起来还像小学生的样子，而进入高中以后，女生的生长速度变缓，男生则突飞猛进地变得高大威猛。

因青春期具有独特的生理发育方面的特点，少男少女如果缺乏科学的身心发育指导和对青春期发育特点的了解和认识，就很容易发生各种各样的不适应，从而导致某些心理或者身体上的不舒服：对自身生理快速发展的不适应可能会造成心理生物性紊乱，导致肠道功能失调、消化不良、食欲不振、精神不振、强迫症等。上述不舒服如果没有得到客观认识和及时地治疗或干预，则有可能会对这些症状过分夸大，从而带来紧张、焦虑等情绪反应，严重者会影响到学习和身心健康。

青春期是人的一生中学习能力最强、精力最旺盛、可塑性最强的关键时期。记忆的广度在这一时期达到一生中的顶峰，对各种材料记忆的成绩都达到最高值；思维方面，演绎推理能力和抽象逻辑推理能力显著发展。少男少女若能够利用好这个最好的学习时期，对他们知识的积累、升学和将来的发展都将起到非常重要的作用。在中学时代，很多同学的学习成绩都是在这个时期有了突飞猛进的进步；还有一些同学小学时期成绩并不拔尖，进入初中或者高中阶段之后突然“开窍”，“学会”了学习；还有一些孩子与之相反，小学时期成绩非常好，进入中学之后却不再那么优秀，这都是和青春期的特殊性有关系的。

父母从胎教和婴幼儿时期就要积极关注孩子身心发育的特点和规律。善于利用规律并采取科学和积极的教养方式对孩子进行教育的家长会自觉重视和尊重孩子的青春期，采取积极有效的教育方法与孩子一起度过青春期。这样教养之下的少男少女不容易出现过多的心理问题，心态积极阳光，有助于学习成绩的保持。

从小学习钢琴和器乐的孩子多有耐力、注意力集中、坐得住、性格也较为沉稳有内涵。学习声乐的孩子多情感丰富、善于表达和表现、有较强的自信心。孩子在学习音乐的过程中，往往会变得自信、聪明、创造力和表现力都很强，情商高，容易受人欢迎。当然，如果孩子在学习器乐演奏的过程中只注重音符的对错和机械性技能的掌握，忽视整体音乐性和其他音乐要素与内涵,长此以往，孩子则会变得比较木讷、刻板、变通能力差、易钻牛角尖。

让音乐伴随孩子的青春期。在青春期这个特殊时期，音乐为少男少女提供了情绪情感的支持。很多歌曲唱出了他们的心声，给他们带来青春活力。也有的歌曲在他们情绪低落的时候给他们带来慰藉或者鼓舞，让他们重新振作。不管怎样，对于大多数少男少女来说，音乐是他们生活中不可或缺的部分，很多歌曲伴随着他们的成长，成为他们生命的一部分。

【案例1】

小A的妈妈来找音乐疗愈师林老师，说她的女儿小A马上就高三了，但是仍然在追星，还特别跑到别的城市去看韩国某组合H的演唱会，她特别担心小A因为追星影响高考。于是想请林老师和小A聊聊天，她觉得林老师是学音乐的，和小A应该会有共同语言。

小A告诉林老师，她从H组合刚出道时就特别喜欢他们，一路跟随他们。因为H组合的成员非常阳光和励志，他们的精神总是在鼓舞着自己。她觉得H组合以及他们的音乐就如同自己成长道路上的伙伴，陪伴和激励着自己向前进。对于即将到来的高考，她有自己的想法和规划，认为自己不会因为追星而影响学习，反而是对学习的一种鼓舞，妈妈的担心是没有必要的，自己听完演唱会回来就会专心准备高考了。

林老师把小A的想法转达给她的妈妈。小A得到了听演唱会的许可，并与妈妈约定演唱会之后把心思收回到学习中来。一年后，小A的学习成绩提高很快，并且考上了一所非常理想的大学，学习自己喜爱的专业。

【分析】

小A是幸运的也是幸福的，她有一个理解、尊重她并关心她健康成长的妈妈。同时，音乐和偶像也给她带来了学习的动力。假如家长不理解她而盲目管制，显然这种做法并不合理，就会引起孩子的反感。

小A妈妈的做法非常值得推广：找第三方与孩子谈心，得知孩子的真正想法，理解并尊重孩子，有条件地满足孩子的需求并达成协议，因势利导激发孩子的自主学习动力。

【案例2】

已经好久没有去上学的初三男孩儿李桐在父母的陪伴下来找张老师，男孩儿的家里开了一家小饭馆，父母每天很忙，无暇顾及他。男孩儿不上学的日子里，有时在饭馆里给父母帮帮忙，有时坐在电脑前打游戏，一打就是一整天。

男孩儿告诉张老师，自己在班级里成绩不好，老师和同学还时常会嘲笑自己，感觉上学没什么意思，反正成绩也上不去，在班级里垫底，还不如不去。

男孩儿看起来对自己不上学的状况并不是很在意，也不太愿意跟张老师讲太多这方面的话题。

于是，张老师换了话题，问他除了上网之外还有什么爱好，喜欢听什么歌。男孩儿告诉张老师他挺喜欢音乐的，有几个喜欢的歌手，接着说出了几个流行歌手的名字和歌曲。这些歌手和歌曲当中有一些是很励志的，并没有像男孩儿看起来这样萎靡不振——这让张老师有了新的发现，通过这些歌曲，他们又聊起了理想。

男孩儿说虽然自己不想上学，但是自己心里还是有一些想法的，他喜欢电脑，不喜欢枯燥的文化课，还有一些梦想，只要不强迫自己坐在那里学习，还是非常愿意为自己的梦想做一些事情和努力的。

最后两人又聊到了关于上学的事情，因为实现梦想还是离不开去上学和取得一定的学历。于是他们商量有哪些可能的情况能够使男孩儿愿意回到学校上学。男孩儿想了想，回到学校确实还是有必要，而且也不是完全不愿意回去，只要父母不再对自己有过高的要求，自己还是愿意回去学点儿东西的。

最后，男孩儿的父母一起参与了他们的讨论，同意对男孩儿放宽学习方面的要求，男孩儿也达成了回学校上学的共识。

【分析】

不论网瘾还是厌学，孩子们问题背后的原因和想法是父母应该了解和关注的。当我们关注到孩子的需求、困难和兴趣的时候，也就找到了打开孩子心房的钥匙；当我们试着用孩子感兴趣的话题与之沟通的时候，心灵也会被拉近，才有可能找到孩子的积极资源，将他们往正确的方向引导。另外，在教育的过程中，老师们是不是常常忽视班上的“差生”？这种忽视、不认可和冷嘲热讽有可能会造成少年心灵上的创伤，从而导致厌学的发生。

另外，从小A和男孩儿李桐的案例中不难发现，音乐在孩子青春期的生活中起着非常重要的精神支持作用。了解孩子们喜欢的音乐，通过音乐作为媒介找到孩子们感兴趣的话题，引导孩子敞开心扉是一种有效的教育和沟通手段（图5）。

认知：

理解：

唱一首歌	你当时的心情	对你的触动

唱一首歌	你当时的心情	对你的触动

准备：

音乐小游戏：

本章复盘

◎ 小问题

回答下面的问题，帮助你理解音乐与幸福感培养在家庭教育中的必要性。

1.音乐与幸福感培养目的是什么？

2.音乐与幸福感培养首先要做到什么？

3.音乐与幸福感培养的步骤是什么？

4.音乐与幸福感培养有哪些要注意的环节？

5.音乐与幸福感培养有什么效果和表现？

6.音乐与幸福感培养和掌握知识应该如何区别？

7.音乐与幸福感培养的方式不同，效果有什么不一样？

8.生活中音乐与幸福感培养的问题有哪些？

如何做更好的父母

◎ 收起你的懦弱，摆出你的姿态，培养孩子音乐兴趣，不要打击孩子的积极性。

◎ 就算周边的人（含家庭成员）都否定孩子，你也要相信孩子，不要管别人的看法。

◎ 很多事是尊重出来的，要相信世上本没有做不到的事，只有不尊重人，才适得其反。

◎ 不管孩子如何，可能不被欣赏，总有人认为他不够好，不管别人怎么看，你都不能不注意培养孩子对音乐的兴趣。

“管理好自己”思考题

【反向思维】

◎ 音乐与幸福感培养没有用，孩子就是不愿意学习！

◎ 音乐与幸福感培养到位了，孩子还是不好好学！

◎ 孩子与我，道不同不相为谋！

◎ 对孩子音乐与幸福感培养不到位，反而被别人瞧不起！

【正向思维】

◎ 音乐与幸福感培养后，家庭和睦了！

◎ 音乐与幸福感培养后，孩子的能力提高了！

◎ 音乐与幸福感培养后，父母与孩子相处更融洽了！

◎ 音乐与幸福感培养后，父母与孩子的误会没有了！

与心对话

每日一问：

家庭生活中总有一些磕磕绊绊，还需要对孩子进行音乐与幸福感培养，你面对这些问题是怎么解决的？你身边的家庭又是怎么处理的？

请将在家里看到让孩子感觉幸福的事记录下来：

参考文献

[1]迈克尔·W.阿普尔.意识形态与课程[M].黄忠敬译.上海:华东师范出版社,2001.

[2]PIERRE B,JEAN-CLAUDE P. Reproduction in education, society and culture[M]. London,Eng:Sage Publications Ltd.1990.

[3]保罗·弗雷尔.被压迫者教育学[M].顾建新,赵友华,何曙荣译. 上海:华东师范大学出版社,2001.

[4]JEAN J. Studies in Socialism[M]. New York:Wentworth Press,2019.

[5]陶行知.陶行知全集[M].成都:四川教育出版社,2005.

[6]陶行知.中国教育改造[M].上海:上海亚东图书馆,1928.

[7]徐德春.做学教ABC[M].上海:上海世界书局,1929.

[8]陶行知.中国大众教育问题[M].上海:上海大众文化社,1936.

[9]陶行知.行知书信[M].上海:上海亚东图书馆,1929.

[10]陶行知.行知诗歌集[M].上海:上海儿童书局,1933.

[11]陶行知.行知诗歌前集[M].上海:上海儿童书局,1935.

[12]陶行知.行知诗歌三集[M].上海:上海儿童书局,1936.

[13]陈青之.中国教育史[M].北京:中国社会科学出版社,2009.

[14]孙培青,杜成宪.中国教育史[M].3版. 上海:华东师范大学出版社,2008.

[15]王陆.虚拟学习社区原理与应用[M].北京:高等教育出版社,2004.

[16]莱斯利 · P.斯特弗. 教育中的建构主义[M].高文译.上海:华东师范大学出版社,2002.

[17]日本筑波大学教育学研究会.现代教育学基础[M].钟启泉,译.上海:上海教育出版社,2003.

[18]ROBERT M G,WALTER W W,KATHARINE G,et al. 教学设计原理[M].王小明,庞维国,陈保华等译.上海:华东师范大学出版社,2007.

[19]周文彪.生活创新教育[M].北京:新世界出版社,2013.

[20]侯怀银,张宏波.社会教育解读[J].教育学报,2007:3–8.